Das Lächeln der Natur

Im Garten ist man total von der Natur abhängig. Das macht einen demütig. DRIES VAN NOTEN
Wer mit seinem Garten schon zufrieden ist, verdient ihn nicht. KARL FOERSTER ⁕ *Der gesty* *Garten kommt mir vor wie eine Besserungsanstalt für die Natur.* THOMAS HÄNTSCH ⁕ *Ein Gart* *ist etwas, woraus man nur hat vertrieben werden können, denn wie sonst hätte man ihn je verlass* RUDOLF BORCHARDT ⁕ *Ein Garten kann eine Welt für sich werden, dabei ist ganz gleich, ob die* *Garten groß oder klein ist.* HUGO VON HOFFMANNSTHAL ⁕ *Narren hasten, Kluge warten, Weise* *hen in den Garten.* RABINDRANATH TAGORE *Das ist im Leben hässlich eingerichtet, dass bei a* *Rosen gleich die Dornen stehen* JOSEF VICTOR VON SCHEFFEL ⁕ *Die Beschäftigung mit Erde u* *Pflanzen kann der Seele eine ähnliche Entlastung und Ruhe geben wie die Meditation.* HERMANN HE*
⁕ *Was im Garten geschieht, kann Punkt für Punkt als Gleichnis gelten für unser Leben auß* *halb des Gartens, für unsere Möglichkeiten des geduldigen Zulassens und für unsere Irrtümer des e* *gen Zugreifens.* JÜRGEN DAHL *Ein Garten ist der ideale Ort, sich um seine Seele zu kümme* COSIMO DE MEDICI ⁕ *Der kürzeste Weg zur Gesundheit ist der Weg in den Garten.* GÄRTNER PÖTSCH
⁕ *Kein Kräutlein in die Höhe sprießt, aus dem nicht eine Heilkraft fließt.* SPRICHWORT ⁕
Wer der Gartenleidenschaft verfiel, ist noch nie geheilt worden. KARL FOERSTER ⁕ *Pflanzendü* *sind wie Musik für unsere Sinnen.* ALTPERSISCHES SPRICHWORT ⁕ *Gibt es ein schöneres Bild für a* *Frieden und die Hoffnung als einen lebendigen Baum.* WANGARI MAATHAI *Die Blumen des Frühlings s* *die Träume des Winters.* KHALIL GIBRAN ⁕ *Die Hand, die Rosen schenkt, duftet stets ein wer* CHINESISCHES SPRICHWORT ⁕ *Die Menschen machen den Kalender, aber Gott das Wetter.* SPRIC* *WORT* ⁕ *Das Wetter muss man wie Verwandte nehmen, aussuchen kann man sie beide nic* SPRICHWORT ⁕ *Unkraut ist alles, was nach dem Jäten wieder wächst.* MARK TWAIN ⁕ *G* *Zäune machen gute Nachbarn.* SPRICHWORT ⁕ *Ist der Gärtner fleißig, ist auch die Erde nicht fa* SPRICHWORT ⁕ *In einem Garten ging das Paradies verloren, in einem Garten wird es wiedergef* *den.* SPRICHWORT ⁕ *Die Tugend des Gärtners ist Geduld.* SPRICHWORT *Wohltun ist wie ein ges* *neter Garten.* DIE BIBEL ⁕ *Jeder Garten ist ein Buch Gottes, aus dem das Wunder ersehen werd* *kann, das Gott täglich tut.* MARTIN LUTHER ⁕ *Nur die Natur macht Großes umsonst.* SPRICHW*
⁕ *Behandle die Erde und alles, was auf ihr lebt, mit Respekt.* INDIANISCHES SPRICHWORT ⁕
Ach der eitlen Blumenfreude und der kurzen Augenweide. Heute blühet sie noch schön, morgen pfl *sie abzugehn.* M. DANIEL PFISTERER ⁕ *Freut euch des Lebens, weil noch das Lämpchen glüht, pflü*

Rose, eh sie verblüht. JOHANN MARTIN USTERI ···❋··· Alles hat seine Zeit, geboren werden und ster-

, einpflanzen und ausreißen. DIE BIBEL Daher ist die ganze Schöpfung Lobpreis Gottes. HILDEGARD

N BINGEN ···❋··· Überflüssige Äste hauen wir weg, damit der Fruchtzweig lebe. WILLIAM SHAKESPEARE

❋ Wir wollen im Garten auch ein freiwilliges Lächeln der Natur, kein ihr allzu mühsam abgerun-

nes. KARL FOERSTER ···❋··· Demut und größte Beharrlichkeit scheinen fast genauso notwendig beim

rtnern wie Regen und Sonnenschein. ELIZABETH VON ARNIM ···❋··· Alles, was gegen die Natur ist, hat

f Dauer keinen Bestand. CHARLES DARWIN ···❋··· Ja, Gärten und Kinder sind es, um die es sich lohnt

leben. ALMA DE L'AIGLE ···❋··· Was der Sonnenschein für die Blumen ist, das sind lachende Gesichter

die Menschen. JOSEPH ADDISON ···❋··· Leute, die auf Rosen gebettet sind, verraten sich dadurch,

ss sie immerzu über Dornen jammern. FRANCOISE SAGAN ···❋··· Wer mit Liebe im Garten arbeitet,

uss ein guter Mensch sein. EVA IBBOTSON ···❋··· Die einzige Blume, die auf Beton wächst, ist die Neu-

se. UNBEKANNT ···❋··· Der Garten ist des armen Mannes Apotheke. SPRICHWORT ···❋··· Lasst uns

unser Glück sorgen, in den Garten gehen und arbeiten. VOLTAIRE ···❋··· Der Garten freut, hilft,

hrt und erhält uns. Aus traurigem Gemüt scheucht er die schweren Sorgen, und mannigfaltige Freude

rd dem Gärtner zu Geschenk. ASMENIUS ···❋··· Willst du ein Leben lang glücklich sein, dann leg

en Garten an. SPRICHWORT ···❋··· Wenn meine Seele Urlaub braucht, geh ich in meinen Garten.

RICHWORT Wer mit einem Baum sprechen kann, braucht keinen Psychiater. Die meisten aber glauben

nau das Gegenteil. PHIL BOSMANS ···❋··· Oh, wer um alle Rosen wüsste, die rings in stillen Gärten

hn – oh, wer um alle wüsste, müsste wie im Rausch durchs Leben gehen. CHRISTIAN MORGENSTERN

❋ Es gibt Augenblicke, in denen eine Rose wichtiger ist als ein Stück Brot. RAINER MARIA RILKE

❋ Bäume und Sträucher sind das Rückgrat des Gartens. KARL FOERSTER ···❋··· Was ich am

ermeisten brauche, sind Blumen, immer und immer wieder. CLAUDE MONET ···❋··· Die Blumen

chen den Garten, nicht der Zaun. SPRICHWORT ···❋··· Wetter und Wetter ist zweierlei. Es kommt

tscheidend darauf an, für wen. UNBEKANNT ···❋··· Blumen wachsen überall am Wegesrande, aber

cht jeder kann daraus einen Kranz flechten. ANASTASIUS GRÜN ···❋··· Trau keinem Garten ohne

kraut. UNBEKANNT ···❋··· Den ganzen Tag Unkraut gejätet und die Beete fertig gemacht in einer

entümlichen Art von Begeisterung, die mich dazu brachte zu sagen: Das ist Glück. VIRGINIA WOOLF

❋ Aus derselben Ackerkrume wächst das Unkraut wie die Blume. SPRICHWORT ···❋··· Unkraut

nnt man die Pflanzen, deren Vorzüge noch nicht erkannt wurden. RALPH WALDO EMERSON ···❋···

Die Natur weicht der Hacke, aber sie kehrt zurück. HORAZ Das Gras sprießt am grünsten aus d
Fugen deiner Terrasse und ignoriert deinen Rasen. AUS MURPHY'S GESETZEN ···· Gärtnern erforde
viel Wasser – das meiste davon in Form von Schweiß. LOU ERICKSON Was der Frühling nicht sät, ka
im Sommer nicht reifen, der Herbst nicht ernten, der Winter nicht genießen. JOHANN GOTTFRIED HERD
···· Zum schönsten Erlebnis des Gärtners gehört die Erfahrung, dass Pflanzen- und Gartenfreu
in hohem Maße menschenverbindend wirkt. KARL FOERSTER ···· Es wächst im Garten mehr als m
gesät hat. SPRICHWORT ···· Auch wenn man am Gras zieht, wächst es nicht schneller. AFRIKANISCH
SPRICHWORT ···· Jedes Werden in der Natur, im Menschen, in der Liebe muss abwarten, geduld
sein, bis seine Zeit zum Blühen kommt. DIETRICH BONHOEFFER ···· Das Gras verdorrt, die Blume v
welkt, aber das Wort Gottes bleibt bestehen. DIE BIBEL ···· Man ist dem Herzen Gottes in eine
Garten näher als irgendwo auf der Erde. DOROTHY FRANCIS GURNEY ···· Bleib ich am Leben, so we
ich noch ein Gärtner. MARTIN LUTHER ···· Die ganze Natur ist eine Melodie, in der eine tiefe Harmon
verborgen ist. JOHANN WOLFGANG VON GOETHE ···· Wenn ich wüsste, dass morgen die Welt unterge
würde ich heute noch ein Apfelbäumchen pflanzen. MARTIN LUTHER ZUGESCHRIEBEN ···· Siehe d
Schmetterling hier! Er küsst die blühende Rose; bald ist der Schmetterling nicht, bald auch die Rose nic
mehr. JOHANN GOTTFRIED HERDER ···· Je tiefer man die Schöpfung erkennt, umso größere Wund
entdeckt man an ihr. MARTIN LUTHER ···· Wir pflügen und wir streuen den Samen auf das Lan
doch Wachstum und Gedeihen steht in des Himmels Hand. MATTHIAS CLAUDIUS ···· Immer wied
tröstlich und immer neu in ewiger Schöpfung Glanz lacht mir die Welt ins Auge. HERMANN HESSE ···
Groß und kleiner Blumen Pracht zeugen all von Gottes Macht. M. DANIEL PFISTERER ···· Die moder
Gesellschaft übersieht, dass die Welt nicht das Eigentum einer einzigen Generation ist. OSKAR KOKOSCH
···· Die meisten verstehen bloß die Frakturschrift im Buche der Schöpfung und übersehen d
kleine Perlschrift auf Wiesenblumen und Schmetterlingsflügeln. ADALBERT STIFTER ···· Je länger w
gärtnern, umso mehr lernen wir; und je mehr wir lernen, umso häufiger geht uns auf, wie wenig w
wissen. VITA SACKVILLE-WEST ···· Der Garten ist der letzte Luxus unserer Tage, denn er fordert d
was in unserer Gesellschaft am kostbarsten geworden ist: Zeit, Zuwendung und Raum. DIETER KIENA
···· Die gärtnerische Arbeit gilt als Heilmittel, das hilft, Ordnungen und Rhythmen wieder her
stellen, die beschädigt worden oder abhanden gekommen sind. JÜRGEN DAHL ···· Ärgere dich
darüber, dass der Rosenstrauch Dornen trägt, sondern freue dich darüber, dass der Dornenstrau

CHRISTINE LÄSSIG

Das Lächeln der Natur

EIN LESEBUCH
FÜR GARTENLIEBHABER

mit Illustrationen von Rita Fürstenau

edition chrismon

EIN WORT ZUVOR

.... ❊ ....

Garten muss sein. Jedenfalls bei mir. Damit stehe ich in der schier endlosen Reihe der Blumenliebhaber und Gemüsezüchter, der Parkbesitzer und Kleingärtner, der Garten-fachleute und Neueinsteiger. Sie alle vereint die innige Freude, ein Stückchen Erde nach eigenen Vorstellungen gestalten zu können und den Pflanzen beim Wachsen zuzusehen. Nicht jeder kann sich so verwirklichen. Aber auch verhinderte Gärtner interessieren sich dafür, wie es hinter den Zäunen und Mauern aussieht und haben ihr Vergnügen daran, wenn es dort grünt und blüht.

Was hier zum Stichwort Garten geschrieben steht, soll kein Lehrbuch für Pflanzenwissen und Gestaltungsideen sein. Es ist vielmehr ein Mix aus kurzen Texten, weisen Sprüchen und Zeichnungen der Illustratorin Rita Fürstenau – dies und das rund um das Thema Garten eben: aus eigenen Erfahrungen, kulturhistorischen Reminiszenzen oder aktuellen Beobachtungen.

Widmen möchte ich das Büchlein meiner vor fast 50 Jahren verstorbenen Mutter, die mir die Liebe zum Garten vererbt hat.

Weimar, am Jahresbeginn 2022
CHRISTINE LÄSSIG

*Die Blumen
des Frühlings sind
die Träume
des Winters.*

————— ✳ —————

KHALIL GIBRAN

ZUM GLÜCK
LÄSST SICH NICHT
ALLES PLANEN

Immer wieder tröstlich
und immer neu in ewiger Schöpfung Glanz
lacht mir die Welt ins Auge.
HERMANN HESSE

Dieses Gartenjahr wird schöner, bunter und ertragreicher als das vergangene. Davon bin ich fest überzeugt – wie immer im Frühling. Um etliche Erfahrungen reicher, wird jede Pflanze am richtigen Standort stehen, mit passenden Nachbarn optimal zur Geltung kommen und dank meiner ständigen Fürsorge ungezieferfrei, gut gedüngt und gewässert zur Hochform auflaufen. Noch nie haben die Rosen so schön geblüht wie in diesem Jahr, werde ich im Spätherbst sagen. Noch nie waren die Funkien so schneckenfrei und die Hortensien so blau. Die Teppich-Waldrebe über der alten Mauer war einfach überwältigend, und die Veilchen haben geduftet wie in Kindheitstagen.

Dabei müsste ich eigentlich wissen, dass nie alle Blütenträume reifen. Nicht alles, was in Katalogen, Gartenbüchern und in Nachbars Garten so üppig daherkommt, wird auch bei mir so fotogen sein. Übrigens bei Ihnen auch nicht – nur damit Sie sich keine falschen

Hoffnungen machen und dann enttäuscht sind. Selbst wenn wir unsererseits alle lobenswerten Vorhaben in die Tat umsetzen, Ausgaben nicht scheuen und uns eifrig im Internet belesen – das Wetter mindestens haben wir nicht in der Hand. Den Magnolien setzen die Spätfröste zu, die Kirschblüte verregnet oder der Rasen verdorrt in der anhaltenden Sommerhitze. Ungeziefer macht sich breit und Nützlinge sind rar. Es ist so wie im richtigen Leben. Trotz aller gut durchdachten Pläne kommt es anders als man denkt.

Das kann zuweilen von Vorteil sein. Auch wenn die Akelei sich an einer Stelle ausgesamt hat, die für Kräuter vorgesehen war, sieht sie bezaubernd aus neben der Petersilie. Das kleine Vergissmeinnicht in der Plattenfuge rührt jeden, der vorbeikommt. Ganz von allein hat sich der Frauenmantel unter den Kletterrosen angesiedelt und ist die perfekte Ergänzung zur gelben Blütenfülle. Zum Glück lässt sich nicht alles planen. Manches wird schöner als gedacht. Anderes bleibt weit hinter den Erwartungen zurück. Trotzdem oder gerade deswegen bin ich optimistisch. Es wird ein ganz besonders schönes Gartenjahr, da bin ich mir relativ sicher.

Blütenträume

THEORETISCH
KANN ES
LOSGEHEN

Es gibt im Grunde nichts,
was dem Dichten so nahe steht,
als ein Stück lebendiger Natur
nach seiner Fantasie zu gestalten.
HUGO VON HOFFMANNSTHAL

Die Tage werden länger. Es geht „nauswärts", wie man im Thüringer Wald sagt. Zum Glück! Praktisch ist im Garten außer dem Gehölzschnitt nicht viel zu tun. Aber rein theoretisch könnte man sich allmählich Gedanken machen, wie Blumenrabatten und Grabeland in diesem Jahr aussehen sollen. Üppig, nahrhaft und gesund – so viel steht fest. Lediglich die Details müssten noch geklärt werden. Und das ist eine äußerst befriedigende Angelegenheit ohne Schweißperlen auf der Stirn und mögliche Misserfolge im Blick. Notizen aus dem letzten Jahr, Anregungen auf Hochglanzpapier und Angebote von Versandgärtnereien helfen bei der Planung.

„Bei deinen immer neuen Ideen müssen die Pflanzen ständig ums Überleben kämpfen", sagt mein Mann. Er hat nur ein bisschen recht. „Der wahre Gärtner muss brutal sein und voller Fantasie an die Zukunft denken", meint Vita Sackville-West. Ich bin auf ihrer Seite. Gartengestaltung macht den Unterschied zur Natur jenseits der Mauern und Zäune. Weg mit den orangenen Ringelblumen, die sich neben den rosa Cosmeen ausgesät haben. Raus mit der pinkfarbenen Clematis neben der kirschroten Rose. Auf den Kompost mit den Kübelpflanzen, denen das Winterquartier so schlecht bekommen ist, dass sie das Jahr über damit zu tun hätten, an einem der Äste drei grüne Blätter zu schieben. Oder wenigstens auf die Krankenstation, damit sie aus dem Blick sind.

Meinetwegen kann der Frühling kommen, auch wenn das erst für den 20. März vorgesehen ist. Mein sorgfältig erstellter Plan ist fertig, die nötigen Arbeitsschritte bedacht. Den blauen Ehrenpreis bekomme ich von der Nachbarin, die rote Kokardenblume habe ich bei einer Versandgärtnerei bestellt. Und nicht nur die. Samentütchen von Petersilie bis Sonnenblume liegen bereit ebenso wie Hornspäne und Humus. Wenn dann die Erde wirklich nach Frühling riecht, läuft allerdings manches anders als geplant. Das ist ein Erfahrungswert, der mich immer wieder lächeln lässt. Grau, teurer Freund, ist alle Theorie. Man kann es auch ganz anders machen.

·········· ✳ ··········

DIE TUGEND
DES GÄRTNERS
IST GEDULD

Auch wenn man am Gras zieht,
wächst es nicht schneller.
AFRIKANISCHES SPRICHWORT

Gärten lassen sich nicht aus dem Boden stampfen. Man kann zwar mit Rollrasen, hochgewachsenen Bäumen und vorgezogenen Pflanzen so tun, als ob es ginge. Doch dieses aufwendige und teure Verfahren mag bei Gartenschauen eine schnelle Lösung sein – für richtige Gärtner ist es eine Mogelpackung. Sie können warten auf die ersten grünen Spitzen, haben ihre Freude daran, wenn das Apfelbäumchen endlich die ersten Früchte trägt, und beobachten mit Vergnügen, wie Ringelblumen und Rauke keimen. Wie schön, am Abend zu betrachten, was tagsüber so gewachsen ist. Manches braucht Zeit. Bis das neu angelegte Beet aussieht, als ob es vor Jahren bepflanzt worden wäre, müssen eben Jahre vergehen. Jedes Frühjahr wieder ist Vorstellungskraft gefragt, die üppige Vegetation im Auge hat angesichts kahler Beete. Die Tugend des Gärtners ist Geduld.

Diese lapidare Feststellung, der kaum jemand widersprechen kann, wird im April allerdings auf eine harte Probe gestellt – eine Geduldsprobe sozusagen. Die Sonne scheint so warm, und ich kann mir beim besten Willen nicht vorstellen, dass es noch einmal kalt werden könnte, Eisheilige hin oder her. Die überwinterten Duftpelargonien treiben durch und brauchen Licht und einen lauen Landregen. Die Samen der frostempfindlichen Stangenbohnen oder der Kapuzinerkresse könnte man doch schon in den Boden bringen – bis sie keimen, vergeht eine Weile. Sind die Dahlienknollen wirklich so empfindlich gegen Nachfröste, wenn sie denn wider Erwarten zurückkämen? Es wird schon gut gehen.

Auf Samentütchen und in Gartenbüchern lässt man sich Zeit für empfindliche Gewächse. Wer erst im Mai Tomaten pflanzt, ist auf der sicheren Seite. Das ist ein Erfahrungswert. Doch manchmal ist mir nach Zocken zumute. Muss nicht jeder seine Erfahrungen selber machen? Das gilt überhaupt im Leben und also auch für diesen speziellen Fall. Vielleicht klappt es ja. Und wenn nicht, folge ich im nächsten Jahr den weisen Ratschlägen und übe mich in Geduld. Für diesmal habe ich die Kübel schon längst ins Freie gestellt.

.... ❁ ....

NUR KEINE FALSCHEN HOFFNUNGEN

Blüht eine Blume,
zeigt sie uns die Schönheit.
Blüht sie nicht,
lehrt sie uns die Hoffnung.
CHAO-HSIU CHEN

Falls Sie jetzt voller Elan die Gartensaison eröffnet haben und in Vorfreude auf kommende Blütenmeere leben, muss ich Ihnen leider sagen: Machen Sie sich keine falschen Hoffnungen! Es wird mit Sicherheit nicht ganz so schön, wie Sie es sich ausmalen, nicht ganz so ertragreich wie gewünscht, nicht ganz so unkrautfrei wie geplant. Besser, man kalkuliert das im Frühjahr ein, um Enttäuschungen vorzubeugen. Wer keine überzogenen Erwartungen hegt, kann Misserfolge leichter verkraften und freut sich umso mehr, wenn manches gelingt. Ansonsten besteht die Gefahr, abgefressene Dahlien, mehltaugeschädigte Sonnenblumen und verlauste Obstbäume als böse Überraschung zu erleben und die Freude am Garten zu verlieren.

irgendwas wird immer

„Irgendwas wird immer", trösten erfahrene Gärtner. Man kann gespannt sein, was es in diesem Jahr ist. Mal gedeihen die Rosen besonders prächtig, mal ist die Bohnenernte überragend. Wenn der Dill mickert, wuchern vielleicht andere Kräuter. Fällt der Apfelbaum aus, tragen die Beerensträucher, und der Rittersporn blüht mannshoch während der Malvenrost den Anblick verdirbt. Man kann nicht alles haben. Das ist auch im Garten so. Gut, wenn man nicht von der Erfolgsquote abhängig ist und Gelassenheit an den Tag legen kann. Das Mögliche tun und abwarten, was daraus wird. Manches muss einfach akzeptiert werden. „Herr Foerster, was machen Sie gegen Wühlmäuse?", ist der Staudengärtner aus Potsdam-Bornim gefragt worden. „Wir schimpfen."

Trotz aller altersweisen Einsichten und prophylaktischen Einwände hoffe ich natürlich auf ein gutes Gartenjahr. Die große Vorfreude kann mir niemand nehmen, komme, was da wolle. Dieses atemberaubende Tempo der Frühlingsblüher ist einfach überwältigend. Eben noch in der Erde, entfalten sich Winterlinge, Krokusse und Schneeglöckchen, Primeln und Veilchen. „Die Blumen des Frühlings sind die Träume des Winters" (Khalil Gibran). Lange genug haben wir darauf warten müssen, dass die Natur wieder Farbe zeigt. Jedes Jahr ist das ein Wunder vor unseren Augen.

············ ❄ ············

ES GEHT AUCH
OHNE PFLANZENKENNTNIS –
MIT ALLERDINGS BESSER

Die Pflanze gleicht den eigensinnigen Menschen,
von denen man alles erhalten kann,
wenn man sie nach ihrer Art behandelt.
JOHANN WOLFGANG VON GOETHE

Ob einjährig, zweijährig oder mehrjährig, ob sonnenhungrig oder schattenverträglich, bodendeckertief oder mannshoch – eine gewisse Kenntnis von Pflanzen sollte man schon haben als Gärtner. Jedenfalls dann, wenn man eine Rabatte haben möchte, die immer blüht, wo Farben und Wuchshöhe gut aufeinander abgestimmt sind und jede Pflanze optimale Bedingungen zum Wachsen hat. Welche Pflanzenkombinationen haben sich bewährt, soll es ein bunter Bauerngarten werden oder ein edles Rundbeet vor der Villa, handelt es sich um einen Topfgarten oder ein weitläufiges Gelände mit vielen Möglichkeiten? Was ist für Anfänger geeignet, und was sollte besser ausgewiesenen Pflanzenkennern vorbehalten bleiben?

Es sind eine Menge Kriterien zu beachten, damit das Ergebnis stimmt. Und oft genug hält sich der Erfolg durchaus in Grenzen, obwohl man doch alles berücksichtigt hat, was man so weiß. „Je länger wir gärtnern, umso mehr lernen wir; und je mehr wir lernen, umso häufiger geht uns auf, wie wenig wir wissen", gibt die Gartenexpertin Vita Sackville-West zu. Das gilt allerdings für alle Disziplinen, für die übrige Naturwissenschaft genauso wie für die Philosophie oder Architektur. Nur die Selbstzufriedenen wissen genug.

„Manche Leute", so beschreibt Harry Sinclair Lewis das Gegenteil, „können sich an keinem Garten erfreuen, wenn sie nicht die Namen aller Blumen kennen." So weit kommt es bei uns Hobbygärtnern eher selten mit unseren bescheidenen Kenntnissen. Wir freuen uns auch über Pflanzen, die wir nicht einordnen können. Sogar der eifrige M. Daniel Pfisterer, Pfarrer zu Köngen, musste gelegentlich passen: „Wie dieses Blümle heiß und was es hab auf sich, Muß Einer sagen der es beßer kennt als Ich." Dabei hatte er in seinem „Buch von Menschen, Tieren, Blumen, Gewächsen und allerlei Einfällen", das er 1716 zu schreiben und vor allem zu malen begann, eine Unzahl von Pflanzen namentlich aufgeführt. In diesem speziellen Falle hätte ich ihm sogar weiterhelfen können. Es war das Gemeine Seifenkraut. Zufälligerweise wächst es in meinem Garten.

GOTTESDIENST IM GRÜNEN MACHT DIE SACHE RUND

Es kann einem richtig andächtig zumute werden im Wald und auf der Heide, auf dem Berg und im lieblichen Tal, unter einem blühenden Apfelbaum und mitten im lachenden Frühling. Natur tut der Seele gut. Und wenn sie in frischem Grün daherkommt, erst recht. „Eine Blume kann fromm machen, sie kann spüren lassen, Gott hält zu seiner Schöpfung", meinte sogar Bertolt Brecht, der nun wirklich nicht der Gefühlsduselei und Frömmelei verdächtig ist. Man muss kein zartbesaiteter Mensch sein, um zu spüren, dass sich hier etwas Wunderbares vor unseren Augen abspielt. Manches lässt sich nüchtern erklären, doch das Staunen über so viel Schönheit und die Erkenntnis, dass alles so wohl geordnet ist, ist alle Jahre neu. Die ganze Schöpfung sei ein Lobpreis Gottes, fand die grüne Heilige Hildegard von Bingen, deren spezielle Kenntnisse über die Heilkräfte der Natur noch heute von großem Interesse sind.

Dass Berge, Bäume oder Felsen göttlich sind und anbetungswürdig, hat das Christentum hinter sich gelassen. Im Unterschied zu den Naturreligionen gründet es sich auf die Offenbarung Gottes in einer Person. Wer wissen will, wie man nach Gottes Willen leben soll, muss die Bibel zur Hand und Christus zum Vorbild nehmen. Und doch ist seit jeher mit der Schöpfungstheologie die Natur als zweite Offenbarung im Spiel. Sie spiegelt die Güte Gottes und seine Allmacht. „Herr, wie sind deine Werke so groß und viel", staunt schon der Beter des Schöpfungspsalms 104.

Schief wird's freilich, wenn die Liebe zur Natur die Nächsten- und Gottesliebe vergessen lässt, wenn sie als Kirchenersatz dient. Die Gleichung Wald- und Wiesenspaziergang gleich Gottesdienst stimmt nicht. Glaube ist mehr als Freude an der Schöpfung. Da geht es ums ganze Leben, um Mitmenschlichkeit und Liebe, Krankheit und Tod, Schuld und Vergebung und was das menschliche Dasein sonst noch ausmacht. Wald- und Wiesenspaziergang mit Gottesdienst wie an Himmelfahrt oder Pfingsten macht die Sache rund und bringt augenfällig zusammen, was zusammengehört.

es geht ums Ganze

AUS DER APOTHEKE
GOTTES

Die Schrift ist ein Kräutlein,
je mehr du es reibst, duftet es.
MARTIN LUTHER

Der Anfang ist gemacht. Die ersten Kräuter der jährlichen Teemischung rascheln in der Papiertüte. Mit Huflattich, Gänseblümchen, Veilchen und Brennnesseln fängt das Sammeln an, mit Hagebutten und dem letzten Schnitt von Zitronenmelisse und Pfefferminze hört es auf. Dazwischen gibt es eine schier endlose Liste heilkräftiger Pflanzen in Garten, Wald und Wiese. Unglaublich, was alles unserer Gesundheit zuträglich wäre, wenn man es frisch oder getrocknet aufbrühen würde. Als junge Pastorin im Thüringer Wald habe ich, von einer Kirchenältesten infiziert, damit angefangen, das eine oder andere Kraut zu sammeln. Das hat sich ausgewachsen zu einer kleinen Gruppe von Frauen, die seit vielen Jahren im November ihre beachtliche Ausbeute mischen. So um die 40 verschiedene Drogen kommen zusammen und ergeben einen gesunden Tee für Familie und Freunde.

„Der Herr lässt die Arzneien aus der Erde wachsen, und ein Vernünftiger verachtet sie nicht" (Sirach 38,4). Wir leben zwar in einer Zeit, in der sich alles mit Pillen regeln lässt, wo Antibiotika die Abwehrkräfte stärken und jederzeit ärztliche Hilfe zu haben ist. Gott sei Dank! Wer erst im Ernstfall zum Kräutertee greift, könnte höchstens eine Magenverstimmung kurieren oder eine Erkältung mildern. Heilkräuter haben vor allem Langzeitwirkung, wecken Selbstheilungskräfte und vermitteln das rechtschaffene Gefühl, etwas für seinen Körper getan zu haben. Und gratis sind sie auch – falls man sie selber sammelt.

Im 17. Jahrhundert lebte im thüringischen Seebach der fromme Naturheilpraktiker Johannes Dicel. Als er eines Tages mit seiner Mutter Kräuter in der Eisenacher Apotheke abgeliefert hatte, sah er im Traum Christus wie einen Apotheker Medikamente ausgeben – für kranke Seelen. Er hat diese Heilandsapotheke später in Öl gemalt. Auf den Kästen, Gläsern und Büchsen, in denen sonst Pulver und Tinkturen aufbewahrt wurden, stehen Begriffe wie Friede, Hoffnung, Geduld, Glaube und Liebe. Zu haben sind Bescheidenheit, Dankbarkeit, Sanftmut, Mitleid und Aufrichtigkeit. Das Angebot ist gratis, die Rechnung von dem beglichen, der hinter dem Ladentisch steht.

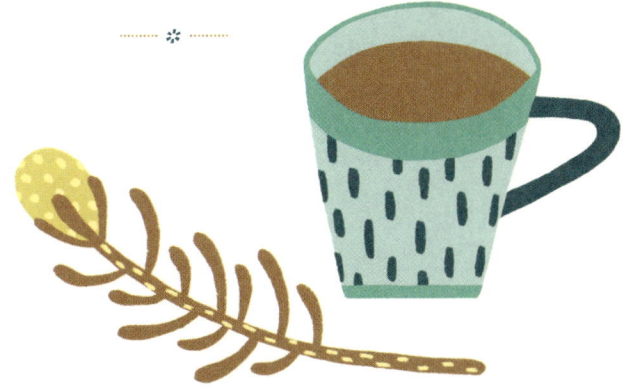

GÄRTEN
DER KINDHEIT

Die Seele nährt sich von dem,
woran sie sich freut.
AUGUSTINUS

Eigentlich hasse ich Nelken. Sie erinnern mich zu sehr an DDR-Zeiten. Als rote Mai-Nelke aus der Kunstblumenfabrik Sebnitz wurde sie am Kampftag der Arbeiter angesteckt, am Internationalen Frauentag mit einem Stängel Asparagus verteilt, zu sämtlichen Jugendweihen und Brigadefeiern überreicht. Und selbst bei privaten Anlässen konnte es vorkommen, dass man Nelken in Cellophan bekam, einfach weil Gerbera aus war und es partout keine anderen Schnittblumen gab. In meinem Garten sind Nelken deshalb nicht vorgekommen – bis eben. Ich habe im Vorbeigehen an einer blassrosa Federnelke gerochen, und ihr nostalgischer Duft hat Erinnerungen geweckt. Meine Mutter hat sie auf dem Beet gehabt, ich weiß nicht mehr, wo in ihren vielen Gärten sie gestanden hat. Aber dieser Nelkenduft gehört zu meiner Kindheit.

Auf dem Schreibtisch meines Vaters stand immer ihr Bild: eine junge dunkelhaarige Frau inmitten von Blumen. Seine Gärtnerin aus Liebe. Sie war es auch von Berufs wegen und hatte in den zwanziger Jahren die Gartenbauschule in Weimar besucht. Das ist ihr in den Pfarrgärten, die sie fachmännisch anlegte, zugutegekommen. Und uns fünf Kindern auch, denn in der Nachkriegszeit war Selbstversorgung angesagt. Trotz der vielen Gemüsebeete aber war immer Platz für Gämswurz und Tränendes Herz im Frühling, Glockenblumen, Phlox, Rittersporn und Klatschmohn im Sommer, Astern und Dahlien im Herbst. Ihr Strauß zur Hochzeit meiner Schwester steht mir noch heute vor Augen.

Gärten berühren die Seele, Kindheitsgärten in besonderem Maße. Der Dichter und Arzt Gottfried Benn (1886–1956), der in Sellin in der Neumark aufgewachsen ist, erinnert sich als alter Mann: „Dort wuchs ich auf, ein Dorf mit 700 Einwohnern in der norddeutschen Ebene, großes Pfarrhaus, großer Garten, drei Stunden östlich der Oder. Das ist auch heute noch meine Heimat, obgleich ich niemanden mehr dort kenne, Kindheitserde, unendlich geliebtes Land. (…) Eine riesige Linde stand vorm Haus, steht heute noch da, eine kleine Birke wuchs auf dem Haustor, wächst noch heute dort, ein uralter Backofen lag abseits im Garten. Unendlich blühte der Flieder, die Akazien, der Faulbaum."

········· ❃ ·········

Kindheitserinnerung

NICHT ALLE
KÖNNEN ES SO GUT
HABEN

Blumen sind das Lächeln der Natur.
Es geht auch ohne sie, aber nicht so gut.

MAX REGER

„Ein Leben ohne Rittersporn ist ein Irrtum." Nun ja. Ganz so apodiktisch wie der Gartenphilosoph und Staudenpapst Karl Foerster würde ich es nicht ausdrücken. Es gibt auch ohne die blaue Blume, von der er allein 72 Sorten gezüchtet hat, durchaus schöne Gärten. Und was gar das Leben betrifft, so entscheiden ganz gewiss wichtigere Kriterien darüber, ob es gelungen oder defizitär ist. Verallgemeinern lässt sich dieser Spruch also keineswegs, aber – auf den Verfasser trifft er zu. Sein Leben ist ohne Rittersporn, ohne Phlox und Sonnenbraut nicht gut denkbar.

Seine innige Freude an Blumen teilt er mit unzähligen Menschen. „Ich leugne es nicht, dass unter allen irdischen Dingen nichts ist zu finden, das mich mehr und höher könne belustigen als ein schöner Garten", schrieb im 17. Jahrhundert Pfarrer Johann Rist aus dem Marktflecken Wedel bei Hamburg. „Glaubet mir, wenn ich eine liebliche Blume, ein wohlgebildetes Kraut, eine anmutig riechende Staude, einen zierlich gewachsenen fruchtbaren Baum mag sehen, so springt gleichsam mein Herz für Freuden. Und ich kann mir solche guten Gedanken darüber machen, dass ich meine Glückseligkeit auch mit dem allergrößten Reichtum nicht würde begehren zu tauschen."

Ob profunder Kenner oder blutiger Anfänger, begütert oder arm dran, alt oder jung – jeder, der ein Stück Erde bearbeitet oder auch nur seine Blumentöpfe pflegt, weiß, dass Gärtnern zu den schönsten Dingen auf dieser Welt gehört, obwohl es Arbeit macht, Kosten verursacht und gelegentlich Enttäuschungen bringt. Doch was ist das gegen die Freude, alle Jahre wieder der Natur so nahe zu sein, kreativ gestalten zu können und beim Wachsen dabei zu stehen. Nicht jeder kann es so gut haben. Viele müssen sich mit dem Blick über den Gartenzaun oder der Erinnerung an vergangene Tage begnügen, mit schönen Fotos in Zeitschriften oder dem Angebot am Tag der Offenen Gärten.

❄

blaue
Blume

29

Gelber Löwenzahn
färbt leuchtend die Wiesen,
zerstreut bald im Wind.

———— ✳ ————

HAIKU

ES WIRD DURCHGEBLÜHT?

Alles Gute ist nie beieinander. Das ist leider auch im Garten so. Rosen, die besonders üppig blühen, tun es nur einmal im Jahr. Die in der Farbe ideal wären, duften nicht. Schwertlilien und Pfingstrosen geben nur ein kurzes, wenn auch prächtiges Schauspiel, sofern man ihre Blütezeit nicht durch verschiedene Sorten in die Länge ziehen kann. Ganz zu schweigen vom Klatschmohn, der seine zerknitterten Blütenblätter kaum entfaltet hat und schon dahin ist. Die edlen Funkien werden gern von Schnecken gefressen, und die aromatischsten Erdbeeren sind besonders anfällig für Grauschimmel.

So bedauerlich das alles ist – es macht das Leben spannend. Was immerzu da ist, was tadellos daherkommt, wird auch schnell langweilig. Stellen Sie sich einen Garten vor, in dem dieselben Blumen das ganze Gartenjahr in Blüte stehen. Vom Frühjahr bis zum Herbst der gleiche Anblick. Keine Abwechslung in den Farben, kein neues Zusammenspiel in den Formen. Ich bin mir gar nicht mehr sicher, ob ich Rosen schön finden soll, die durchblühen bis zum Frost. Im klassischen Weimar hat man ein Fest gefeiert, wenn im Park des umtriebigen Geschäftsmannes und Blumisten Friedrich Justin Bertuch die über fünfzig Rosensorten dufteten. Es war der Höhepunkt des Gartenjahres, den man mit seinem Blütenrausch bewusst genossen hat. Danach waren andere Blumen dran.

„Es wird durchgeblüht!", hieß die Maxime von Karl Foerster. Allerdings bezog sich das nicht auf einzelne Pflanzen, sondern auf die bunte Vielfalt der Gärten und die vielen Möglichkeiten, zu allen Jahreszeiten etwas fürs Auge zu haben. Das ist hohe Kunst, bedarf einiger Kenntnisse und Erfahrungswerte und macht eventuell mehr Arbeit als das Gestalten mit Dauerblühern. Aber man kann an den Blumen sehen, in welchem Monat wir leben. Und das ist doch was in einer Zeit, wo immer alles zur Verfügung steht, Chrysanthemen in Frühlingssträuße gebunden werden und Tomaten das ganze Jahr über zu haben sind.

KEIN GARTEN
IST WIE
DER ANDERE

Wer mich ganz kennenlernen will,
muss meinen Garten kennen,
denn mein Garten ist mein Herz.
HERMANN FÜRST VON PÜCKLER-MUSKAU

.... ❄ ....

Das Gärtchen meiner Freundin Heike ist wie sie. Irgendwie lieb. Auffällige Blüten in XXL fehlen. Kunst aus dem Gartencenter hat keinen Platz, keine schnurgeraden Wege, in Reihe gepflanzte Stauden oder englischer Rasen. Überall Kräuter und Töpfchen mit vorgezogenen Blumen. Ihre Vorliebe für eher bescheidene Schönheiten wie Akelei und zarte Glockenblumen, für einfache Wiesenmargeriten und kleinblütige Herbstastern fällt ins Auge. Ganz natürlich wirkt das kleine Stück Erde, geordnet aber nicht durchgestylt. Hier darf die Natur mitgestalten. Und das Ergebnis wärmt das Herz.

Kein Garten ist wie der andere. Nicht einmal ein Schrebergarten, wo doch weitgehend gleiche Voraussetzungen und Regeln gelten. Akkurat und unkrautfrei oder weitgehend naturbelassen, romantisch oder vor allem nützlich, bunt durcheinander und zufällig oder durchgestaltet bis ins Detail – Gärten sind sehr individuelle Visitenkarten ihrer

Besitzer. Sie spiegeln ihre Vorlieben für bestimmte Farbzusammenstellungen und besondere Lieblingspflanzen. Sie zeigen, welchen Stellenwert sie im Leben der Eigentümer haben. Zeige mir deinen Garten und ich sage dir, wer du bist.

Na ja, der Zeitgeschmack und das Zeitbudget, die örtlichen Gegebenheiten und die finanziellen Möglichkeiten spielen schon auch eine Rolle. Selten, wenn alle Voraussetzungen stimmen. Wer nur einen Vorgarten hat, kann keine großzügigen Gartenräume gestalten, auch wenn ihm das entsprechen würde. Und wem der Rücken schmerzt bei der Bearbeitung seiner Rabatten, muss sich mit dem Machbaren bescheiden trotz vieler Gestaltungsideen. Aber selbst das sagt etwas über den Gärtner aus, wenn er das Beste aus allem macht und nicht Träumen nachhängt, die sich nicht verwirklichen lassen. Manchmal allerdings könnte ich mir durchaus vorstellen, an einem alten englischen Herrensitz zu gärtnern, begünstigt durch das warme Klima des Golfstroms und unterstützt von einer Reihe eifriger Gehilfen. Oder in mediterraner Umgebung, wo unsere kümmerlichen Kübelpflanzen üppig gedeihen. Aber das hat nicht sollen sein.

············ ✳ ············

Wer bin ich?

ES WÄCHST MEHR
ALS MAN GESÄT HAT

Unkraut ist die Opposition der Natur
gegen die Regierung der Gärtner.
OSKAR KOKOSCHKA

„Man kämpft das ganze Wochenende mit dem Löwenzahn und da, am späten Montagnachmittag, ist er überall keck wieder da in voller wunderschöner Blüte, über alle Maßen hübsch und gedeiht, wie es nur Löwenzahn im Angesicht der Not tun kann", ist die Erfahrung der englischen Schriftstellerin Katherine Whitehorn. Wer teilt sie nicht mit ihr. Unkraut ist unglaublich zäh, wenn es ums Überleben geht. Die zarte Vogelmiere behauptet sich ebenso erfolgreich wie der schier unausrottbare Giersch, die Brennnessel oder der Gundermann. Dass man sie samt und sonders in der Küche verwenden kann, sie überaus vitaminreich sind und keinen Cent kosten, tröstet nicht wirklich.

Obwohl – die meisten sehen dazu noch hübsch aus. Gänseblümchen im Rasen sind nicht die feine englische Art, aber liebenswert, teetauglich und eine Zierde auf dem Salat. Das goldgelbe Scharbockskraut gehört zum ersten Grün und kann vor der Blüte als Vitamin C-Lieferant in die Kräuterbutter oder Frühlingssuppe. Sterneköche haben den Geschmack von Unkraut – oder besser Wildkraut – neu entdeckt und dekorieren ihre Kreationen damit. Gartenzeitschriften winden Kränze aus Disteln und preisen Rezepte mit Melde. Altes Kräuterwissen und neue Begeisterung mischen sich und verwischen die Grenzziehung zwischen Unkraut und Gepflanztem.

Überhaupt ist die Einteilung in Zierpflanzen, Nutzpflanzen und Unkraut nicht sehr überzeugend. Kapuzinerkresse kann man essen, Kartoffelblüten zierten früher die Frisuren vornehmer Damen, und roter Mohn im Kornfeld sieht umwerfend aus, auch wenn es den Bauern nicht freut. Die Natur richtet sich einfach nicht nach unseren Bewertungskriterien. Sie lächelt über unseren Ordnungssinn und Gestaltungswillen. Da mag man noch so fleißig jäten – es wächst im Garten mehr als man gesät hat. Leider Gottes und Gott sei Dank. Denn sonst würde nicht neben meiner lavendelblauen Clematis diese zitronengelbe Rapontika blühen, ein ausgewildertes Gourmetgemüse der Goethezeit.

.... ❊ ....

EIN GARTEN FÜR FAULE?

*Der Garten ist der letzte Luxus unserer Tage,
denn er fordert das, was in unserer Gesellschaft
am kostbarsten geworden ist:
Zeit, Zuwendung und Raum.*

DIETER KIENAST

Ein Garten will dich jeden Tag sehen, sagt man. Das ist etwas zugespitzt formuliert, aber die Richtung stimmt. Es gibt natürlich Gärten, die sehr pflegeintensiv sind, und solche, in denen es weniger zu tun gibt. Aber der „Garten für Faule", wie ein Buchtitel verheißt, ist ein leeres Versprechen ebenso wie der „Faulenzergarten" oder der „Nutzgarten ohne Arbeit". Da soll man sich keinen Illusionen hingeben. Das funktioniert nur, wenn andere zum Spaten greifen und man sich aufs Lustwandeln beschränken kann.

Weil dies aber nur wenigen vergönnt ist, bleibt ein Garten immer mit Anstrengung und Schweiß verbunden. „Was der Frühling nicht sät, kann im Sommer nicht reifen, der Herbst nicht ernten, der Winter nicht genießen", heißt ein Sinnspruch von Johann Gottfried Herder. Und wo er recht hat, hat er recht. Man muss etwas tun, damit der Unterschied zwischen gestalteten Gärten und naturbelassener Erde deutlich wird. Wer das Säen und

Ernten, das Pflanzen und Pflegen nur als Arbeitslast empfindet, taugt freilich nicht zum Gärtner. Der muss auch seine Freude daran haben und sich mit der Schriftstellerin Virginia Woolf einig sein: „Den ganzen Tag Unkraut gejätet und die Beete fertig gemacht in einer eigentümlichen Art von Begeisterung, die mich dazu brachte zu sagen: Das ist Glück."

Mindestens ist es ein befriedigendes Gefühl, mit seiner Hände Arbeit aus dem anvertrauten Land ein Stück vom Garten Eden zu machen „verlockend anzusehen und gut zu essen", wie es in der Bibel heißt. Doch selbst im Paradies – so schön und fruchtbar es Gott geschaffen hatte – gehörten für Adam und Eva das Bebauen und Bewahren dazu. Einen Garten für Faule oder einen Nutzgarten ohne Arbeit gab es auch dort nicht. Als sie später das Land selbst urbar machen mussten und den Acker voller Dornen und Disteln mit ihrem Schweiß düngten, ging ihnen freilich auf, dass es trotzdem paradiesische Zustände gewesen waren.

.... ✳ ....

DIE NATUR
IST EIN
GUTER LEHRMEISTER

Die Natur ist das einzige Buch,
das auf allen Blättern großen Inhalt bietet.
JOHANN WOLFGANG VON GOETHE

„Was im Garten geschieht, kann Punkt für Punkt als Gleichnis gelten für unser Leben außerhalb des Gartens" (Jürgen Dahl). Da ist was dran! Auf alle Fälle lernt man Demut und Bescheidenheit. In den Erbsen ist schnell der Wurm drin, und die prachtvollen Funkien sind kein Hingucker mehr, wenn sich die Schnecken dort eingenistet haben. Nie wird alles so vollkommen wie gedacht. Diese Erfahrung muss man alle Jahre wieder machen – im Garten und überhaupt.

Aber das ist beileibe nicht der einzige Erkenntnisgewinn. Man lerne Geduld und Ausdauer, sinniert ein Pfarrer Ende des 19. Jahrhunderts, das Schwache zu pflegen und das Verwundete zu heilen. Man sehe, dass das Edle am langsamsten wachse und das Gemeine üppig und ohne Mühe aufschieße, dass zuweilen aus edlem Samen nichts Rechtes werde, während bereits Aufgegebenes und Kränkelndes sich fasse und erhole. Man müsse erleben, dass manches, über dessen fröhliche Entwicklung man sich gefreut habe, plötzlich welke und manch schöne Frucht innen faul sei. Robert Moser ist überzeugt davon, dass seine praktischen Erfahrungen im Pfarrgarten ihm auch beruflich weiterhelfen. „Neben dem vergnüglichen Promenieren im Garten", resümiert er, „fasst man auch Mut und Trost, wenn es im geistlichen Leben der Gemeinde nicht besser geht."

Für ihn und seine Amtsbrüder lieferte ein Gartenrundgang Predigtbeispiele zuhauf. An das Sichtbare wurde das Höhere geknüpft, es war die Zeit der erbaulichen Gartenpredigten. Wer sie heute liest, findet sie streckenweise mehr kurios als missionarisch und länger, als wir wachen Sinnes verkraften können. Aber dass die Natur ein guter Lehrmeister ist, Aha-Erlebnisse vermittelt und manchen abstrakten Gedanken anschaulich machen kann, bleibt wahr. Dass sie zudem als lebendiges Buch Gottes von seinem Schöpfer erzählt, auch. Man muss nur lesen können. Dann lässt sich bei der Gartenarbeit nicht nur Demut und Bescheidenheit lernen, sondern auch Geduld und Ausdauer, Mut und Trost, Hoffnung und der Glaube daran, dass Gott es gut mit uns meint.

.... ❊ ....

Mut und Trost

EIN STÜCK EDEN
FÜR JEDEN

Ein Garten ist etwas,
woraus man nur hat vertrieben werden können,
denn wie sonst hätte man ihn je verlassen.
RUDOLF BORCHARD

„Ein Stück Eden für jeden" heißt der Slogan eines Garten- und Landschaftsbau-Betriebes, ist das kämpferische Motto einer Bürgerinitiative von Kleingärtnern, die durch den Wohnungsbau vertrieben werden sollen, verspricht die Werbung einer Kreuzfahrt-Reederei, die paradiesische Sehnsuchtsorte anfährt. Findige Landbesitzer, die brach-liegende Flächen an interessierte Hobbygärtner vermieten, haben dieses einprägsame Motto ebenso gewählt wie Ehrenamtliche, die einen Lehr- und Versuchsgarten offen-halten. Ein Bauträger lockt damit Käufer von Häusern mit Garten, und in England heißt der neue botanische Garten aus der Retorte das „Eden Project". Er soll für alle da sein, die im größten Treibhaus der Welt ein Stück vom Paradies erleben wollen.

„Ein Stück Eden für jeden" ist also ein pfiffiger Spruch für Geschäftsleute und am Gemeinwohl Interessierte gleichermaßen. Aber darüber hinaus könnte er als wahrhaft frommer Wunsch durchgehen, denn das Paradies meint mehr als schöne Blumen und

Eden Project

fruchtbare Bäume. Im Garten aller Gärten stimmt alles. Er ist ein Ort, an dem man Gott begegnen und mit ihm reden kann, heile Welt, ein Ort des Friedens, gut für Leib und Seele. Was kann man Menschen Besseres wünschen als ein Stück Eden für jeden!

Erfahrungsgemäß lässt sich das Paradies auf Erden aber nicht kopieren und individuell auch nur manchmal und ausnahmsweise erleben – Stückwerk eben. Dass der Mensch nur noch mehr vom Baum der Erkenntnis essen müsse, um zurückkehren zu können ins Paradies, wie es Tim Smit, der Erfinder des Eden Project meint, ist eine ziemlich weltfremde Ansicht. Trotzdem ist es gut zu wissen, wie es sein könnte, wenn nicht Sündenfälle aller Art die Vertreibung aus dem Paradies zur Folge hätten. Die Sehnsucht nach heiler Welt bleibt. Und wer sie wenigstens ansatzweise in einem Garten findet, sollte sich glücklich schätzen. „Gott der Allmächtige pflanzte zuerst einen Garten, und er ist in der Tat die reinste der menschlichen Freuden" (Francis Bacon). So gesehen ist jedem ein Stück Eden zu gönnen.

········· ✤ ·········

AUSNAHMEN
BESTÄTIGEN DIE REGEL

Wer mit Liebe im Garten arbeitet,
muss ein guter Mensch sein.
EVA IBBOTSON

Die Kleingartenidylle in Eisenach ist gestört. Die eine Leiche mit Abschiedsbrief, die andere verscharrt, passen nicht ins Bild. Dabei hatte der Tatverdächtige die verwilderte Parzelle so vorbildlich in Ordnung gebracht und sich aktiv am Vereinsleben beteiligt! Die Gartennachbarn können es nicht fassen. Dass der Mörder der Gärtner ist, kommt zwar in Krimis immer mal wieder vor, gilt aber im richtigen Leben als sehr unwahrscheinlich, genauso, wie böse Menschen keine Lieder singen. Wer sich um einen Garten kümmert, ist ein friedlicher Zeitgenosse, der höchstens Nacktschnecken mordet. Und das auch noch mit schlechtem Gewissen.

Die Ausnahme bestätigt die Regel. „Blumen machen die Menschen fröhlicher, glücklicher und hilfsbereiter. Sie sind der Sonnenschein, die Nahrung und die Medizin für die Seele" (Luther Burbank). Das ist eine grundlegende Erfahrung, auf der ein ganzer Berufszweig aufbaut. Gartentherapie heißt das neue interdisziplinäre Fachgebiet, das in der Arbeit mit Traumatisierten, Verwirrten, Süchtigen, Traurigen und Altgewordenen von Belang ist. Die magische Wirkung von Grün wird professionell eingesetzt, um nicht nur den Leib zu stärken, sondern auch die Seele zu heilen. Gärten helfen leben. Man muss gar nicht krank sein, um das zu bestätigen.

Um den Kopf freizubekommen, kann man joggen, Musik hören, Bilder anschauen, lesen, stupide Hausarbeit machen, mit Freunden reden, gut essen – oder in den Garten gehen. Jeder nach seinem Geschmack und seinen Möglichkeiten. Ich bin für alles und mehr (außer joggen), aber der Garten zählt zu den Favoriten. Er bringt mich auf gute Gedanken, beruhigt die Nerven, steigert mein Wohlbefinden und macht mir Freude. Dasitzen und den Pflanzen beim Wachsen zuschauen, ist einfach schön. Und sie dabei tatkräftig zu unterstützen auch – selbst wenn es Mühe und Arbeit kostet. Manchmal allerdings scheint es Seelenzustände zu geben, die sich durch Gartenarbeit nicht beheben lassen. Und dann wird auch ein Gärtner zum Mörder.

·········· ❄ ··········

DER HIMMEL
IST OHNE BLUMEN
NICHT VORSTELLBAR

Gottes Natur – mein Meister,
sein Himmel – meine Heimat
und meine Werkstatt – seine weite, schöne Erde.

PETER JOSEF LENNÉ

Natürlich kann ein Gottesdienst sonstwo stattfinden: „Auff dem Feld, in der Kirchen oder auff dem Meer", wie schon Luther sagt. Das Museum, der Bahnhof, eine Einkaufsgalerie oder das Stadtfest sind heute Orte, wo gelegentlich Choräle angestimmt, Predigten gehalten und Gebete gesprochen werden. Alltagsnähe wird gesucht, Kirchenfremde sind mit im Blick, das Evangelium wird mit dem normalen Leben konfrontiert und muss sich daran messen lassen. Das macht Sinn.

Mir persönlich sind die Gottesdienste in den Kirchen immer noch am liebsten. Alles konzentriert sich auf den Altar mit dem Kruzifix, der weite und doch geschützte Raum spiegelt den Glauben der Altvorderen, die Luft ist voll von Bittgebeten und Dankeshymnen vergangener Zeiten. Wer sich umschaut, hat viel zu sehen. Und wer seinen Blick nach oben richtet, hat manchmal sogar das Paradies vor Augen. Zwischen den Rippen der gotischen Gewölbe wächst und blüht es in der Schlosskirche Wittenberg etwa, in der Schleizer Bergkirche, in St. Johannes in Saalfeld oder St. Marien in Pirna. Diese Himmelswiesen, wie sie genannt werden, stammen meist aus dem 16. oder 17. Jahrhundert.

Besonders beeindruckend ist der monumentale Himmelsgarten von St. Michael in Bamberg, der Mittelschiff, Seitenschiffe und Querhaus überspannt. Mit seinen 578 Pflanzenbildern sucht er seinesgleichen. Dass florale Ornamente in Stein, Holz und Farbe die Kirchen zieren, ist gang und gäbe. Aber hier lässt sich jedes Kräutlein, jede Blume und jeder Baum identifizieren. Der Künstler ist zugleich Botaniker und darum bemüht, dass jedes Detail stimmt. Und wenn der Betrachter ein Gewächs nicht einordnen kann, liegt das an seiner mangelnden Kenntnis, aber ganz bestimmt nicht am Maler. Eigene Naturstudien und die reich bebilderten Pflanzen- und Kräuterbücher jener Zeit machten es möglich, naturgetreu mit christlichen Symbolpflanzen, Heilkräutern und neu entdeckten Exoten einen Paradiesgarten zu schaffen, der an den verlorenen Garten Eden erinnert, das Lob der irdischen Schöpfung singt und Freude auf das himmlische Paradies weckt.

⁕

HEUTE SCHON
ÜBER DAS WETTER
GEREDET?

Wer jede Wolke fürchtet,
taugt zu einem Gärtner nicht.
SPRICHWORT

.... ❋ ....

Nicht? Da wird es Zeit. Das Wetter ist immer und überall Gesprächsthema Nr. 1: bei Veranstaltern jeder Art, bei Ostseeurlaubern, Wintersportlern und Auslandsreisenden, beim Joggen ebenso wie beim Autofahren, unter Bauern und Seeleuten, beim Smalltalk im Vorbeigehen – und natürlich auch unter Gärtnerinnen und Gärtnern. Nicht auszudenken, wenn das Wetter zum Tabuthema würde. Man wüsste oft gar nicht, worüber man reden sollte, und die Medien hätten ein Topthema weniger. Es ist das ganze Jahr über von allgemeinem Interesse, ob es schneien wird oder frieren, ob Regen aufzieht oder mit Sonnenschein gerechnet werden kann, ob es kalt wird oder eine Hitzeperiode ansteht.

Wetter und Wetter ist allerdings zweierlei. Es kommt entscheidend darauf an, für wen. Bei den Moderatoren ist das klar: für Nichtgärtner. Sonst würden sie sich nicht fast entschuldigen, wenn die Aussichten trübe sind. Es hat zuweilen den Anschein, dass sie eine Schlechtwetterfront als persönliches Versagen empfinden und es ihnen sehr unangenehm ist, der Überbringer schlechter Nachrichten zu sein. Da mögen sie im Blick auf Eisverkäufer und Dachdecker richtig liegen – für Gärtner kann das durchaus eine sehr erfreuliche Mitteilung sein.

Ein Gewitterregen wirkt mehr als tausend Gießkannen, weiß man aus Erfahrung. Ein trüber Tag im Februar schützt die Gehölze vor der gefährlichen Wintersonne, und wenn der Frühling allzu früh kommt, verleitet das Wetter zu Dingen, die man bald darauf bereut: Kübel ins Freie bringen, im Gewächshaus vorgezogene Pflanzen den späten Frösten ausliefern oder Buschbohnen legen. Eine Portion Gelassenheit wäre also nicht schlecht, zumal man es sowieso nicht in der Hand hat. „Die Menschen machen den Kalender, aber Gott das Wetter", sagt der Volksmund. Und der Gärtner hierzulande hat eine doppelte Chance, damit zufrieden zu sein. Ob bewölkt oder sonnig: Entweder tut es den Pflanzen gut oder den Menschen und manchmal beiden zugleich. Sehen wir's also positiv, das Wetter. Es sei denn, es wird zu einseitig: „Ein Sommerregen ist erfreulich, ein Regensommer ganz abscheulich" (Eugen Roth).

········· ❄ ·········

Sommerregen

Komm
in meinen Garten,
ich möchte,
dass meine Rosen dich
kennenlernen.

❖

RICHARD B. SHERIDAN

WO DIE NATUR
NICHT WILL,
IST DIE ARBEIT
UMSONST

*Wir wollen im Garten
ein freiwilliges Lächeln der Natur,
kein ihr allzu mühsam abgerungenes.*
KARL FOERSTER

Das sagt der Philosoph, Naturforscher und Staatsmann Lucius Annaeus Seneca, der zur Zeit Jesu in Rom lebte. Und er wird mit Sicherheit nicht der Erste gewesen sein, der festgestellt hat, dass der Mensch im Kampf gegen die Natur letztlich den Kürzeren zieht und es somit klug ist, mit ihr zusammenzuarbeiten. Natürlich kann man versuchen, Rosen im Vollschatten zu ziehen und Farne in die heiße Sonne zu setzen. Nur wird man nicht viel Freude daran haben. Freilich würde sich der schattenliebende Eisenhut zusammen mit Stockrosen gut ausnehmen, aber die lieben die Sonne. Die sattgelbe Trollblume braucht feuchten Boden und kann nicht gut mit Trockenkünstlern wie Lavendel kombiniert werden. Kapuzinerkresse blüht am schönsten ohne Dünger, Sonnenblumen haben ihn nötig. Was dem einen gut tut, kann der andere schlecht vertragen.

Manches lässt sich vielleicht mit einiger Mühe, mit Erdaustausch, Düngemitteln und gezielter Bewässerung regeln. Aber das bleibt eine Notlösung, die viel Mühe zeitigt und wenig Erfolg bringt. Ertrag und Blüten werden suboptimal sein selbst bei Gärtnern mit grünem Daumen, der angeblich Besenstiele Wurzeln schlagen lässt. Dazu kommt, dass Pflanzen, die nur widerwillig den falschen Standort ertragen, für Krankheiten und Schädlinge ein gefundenes Fressen sind. Was ein gesundes Gewächs mit links verkraftet, führt bei einem geschwächten zum Tod.

Blumen und Gehölze auszusuchen, denen Lichtverhältnisse, Bodenbeschaffenheit und die klimatischen Bedingungen zusagen, ist beim Gärtnern der halbe Sieg. Pflanzetiketten, Gartenbücher und gute Nachbarn helfen dabei. Aber selbst darauf ist nicht immer Verlass. Letztlich können wir erst nach ein paar Jahren zuverlässig sagen, was wo am allerbesten wächst. Meine Kapuzinerkresse, die im Kasten auf der Mauer blühen sollte, hat gemickert, das heruntergefallene Samenkorn aber gewuchert. Der Sonnenhut im halbschattigen Gartenhof geht mir fast bis zur Schulter, ein Ableger davon nach Jahren nur bis zum Knie, obwohl er auch nicht mehr und nicht weniger Sonne abbekommt. Der Anfänger muss eben seine Erfahrungen sammeln, bevor er effektiv und erfolgreich zu Werke gehen kann.

·········· ❖ ··········

ES GEHT AUCH
OHNE BEET

Ein Garten kann eine Welt für sich werden,
dabei ist ganz gleich,
ob dieser Garten groß oder klein ist.
HUGO VON HOFFMANNSTHAL

Topfgärten sind in Mode. Mit ihnen lässt sich auf kleinem Raum viel gestalten. Ob Beton oder unfruchtbarer Erdboden, ob Terrasse oder Balkon, gepflasterter Hauseingang oder Fenstersims – überall lassen sich Pflanzen ziehen. Und das nicht nur in Töpfen, sondern auch in Kisten und Kasten, in ausrangierten Suppenschüsseln, vom Holzwurm angefressenen Backmulden, geflochtenen Weidenkörben und was Flohmarkt, Gebrauchtwarenhändler und Großmutters Dachboden noch so hergeben. Phantasie ist gefragt. Hauptsache, das Gieß- oder Regenwasser kann durch Drainage und Abzugslöcher ablaufen, damit keine Staunässe entsteht. Gar manche Blume kommt an solch herausgehobener Stelle viel besser zur Geltung. Unansehnlich Gewordenes kann beiseitegestellt, Blühendes in den Vordergrund gerückt werden. Und ein gewisser Schutz gegen Schnecken ist auch gegeben. Gegossen werden muss allerdings öfter, und die Gefäßgröße muss stimmen. Eine Kletterrose im Blumentopf wird nicht alt.

Gemüse oder gar Obst auf einem Balkon anzubauen, wie das überall nahegelegt wird, macht nicht allzu viel Sinn, finde ich. Es sei denn, man will Kindern demonstrieren, dass Andenbeeren auch hierzulande reifen, Möhren nicht an Bäumen wachsen und Tomaten ganz anders schmecken können. Auch wenn der rotstielige Mangold sehr attraktiv aussieht – für die Küche müssen schon andere Flächen her. Was soll da eine Apfelsäule mit zwölf Früchten, die man nicht essen mag, weil sie so schön aussehen. Oder der Kartoffelanbau im Eimer, der höchstens für zwei Mahlzeiten reicht. Wenn auf so kleinem Raum Nährwert und Zierwert im Streit liegen, ist das unbefriedigend. Hat ersterer Vorrang, ist die Zierde dahin, und im umgekehrten Falle wird es mit der Ernte nichts.

Was sich allerdings immer lohnt, sind Kräuter aller Art. Da merkt keiner, wenn ein paar Salbeiblätter im Tee landen, Rosmarinnadeln auf den Ofenkartoffeln oder Basilikum im Tomatensalat. Hier kann man beides genießen, ohne sich für das eine oder andere entscheiden zu müssen: die gesunde Würzkraft im Essen und den erfreulichen Anblick im Kübel.

MEIN KAMPFPLATZ
FÜR DEN FRIEDEN

Wo Blumen blühen, da lächelt die Welt.
RALPH WALDO EMERSON

In der DDR war diese Losung auf Transparenten und Wandzeitungen ziemlich weitreichend gemeint. Da ging es um den Arbeitsplatz eines Werktätigen und nichts Geringeres als den Weltfrieden. Ein paar Nummern kleiner gedacht könnte ich die Parole auch persönlich nehmen und in meinem Garten anbringen. Um dort friedlich sitzen zu können und beschaulich in die Runde zu schauen, muss vorher der Boden bearbeitet werden, findet der Kampf gegen Unkraut und Schädlinge statt, kann ohne Mühe und Schweiß nichts werden. Mein Kampfplatz für den Frieden. Aber das Ziel ist realistisch ganz im Unterschied zum Weltfrieden, der leider mehr braucht als ein vorbildliches Berufsethos.

Allerdings ist der grüne Friede hinterm Haus bedroht vom Unfrieden auf dieser Welt. Johann Rist (1607–1667), Dichter, Gärtner, Apotheker und Pfarrer in Wedel, hat dies schmerzlich erfahren. Im Dreißigjährigen Krieg zerstörten schwedische Soldaten den berühmten Südergarten, das bewundernswerte Ergebnis seiner Gartenkunst und langjährigen Sammlerleidenschaft. Dieser Ort des Friedens für ihn, seine Gemeindeglieder und Gartenfreunde wurde ein Opfer des Krieges wie viele andere von langer Hand angelegte Parkanlagen, Obstbaumwiesen und Hausgärten. Sicherlich wiegt das nicht so schwer wie der Tod von Menschenleben, aber wer wie Rist den Garten liebt, versteht seine Trauer.

Gärten geben Frieden, aber sie brauchen ihn auch für Wachstum und Gedeihen. So sind sie zum Inbegriff für friedliche Zeiten geworden: „Denn ich will die Gefangenschaft meines Volkes Israel wenden, dass sie die verwüsteten Städte wieder aufbauen und bewohnen sollen, dass sie Weinberge pflanzen und Wein davon trinken, Gärten anlegen und Früchte daraus essen", so der Prophet Amos. Johann Rist hat nach der Zerstörung unverdrossen wieder von vorn angefangen: „Auf, ihr Gärtner, pflanzet Reben, / Impfet Bäume mancher Art, / Pflanzet Kraut und Obst daneben, / Das sich fein zusammenpaart. / Lasset aneinander wohnen / Rosen, Liljen, Nägelein, / Hyazinthen groß und klein, / Tulipen und Annemonen, / Daß ihr ja den Friedensschatz / Schön bekränzet auf dem Platz!"

Frieden

EIN GARTENBUCH ZIEHT GEGEN DEN KRIEG ZU FELDE

Wenn der Satan mit seinen Gliedern tobt und wütet,
so will ich ihn verlachen und des Schöpfers Segen,
die Gärten, betrachten und genießen zu seinem Lob.
MARTIN LUTHER

„Vom Blütengarten der Zukunft" heißt das Erfolgsbuch, das der Staudengärtner und Pazifist Karl Foerster im Hungerwinter 1916/17 schrieb. Krankheitshalber von der Front nach Hause geschickt, zeichnete er ein Kontrastbild zum Elend jener Tage. Das Buch wurde in fünfundzwanzigtausend Exemplaren an Soldaten verteilt. Ein Gartenbuch zieht gegen den Ersten Weltkrieg zu Felde. Es gehörte schon ein gehöriger Schuss Naivität dazu, diesem Unterfangen Erfolgsaussichten zu bescheinigen. Es ging ums Überleben, um Sieg und Niederlage, Heldentum und Todesangst. Wer mit leerem Magen im Schützengraben lag, hatte mit Sicherheit andere Sorgen als die Überlegung, welche Sorte Phlox man unbedingt pflanzen sollte und welche der wenigstens dreißig bis fünfzig notwendigen Vasen weiße Chrysanthemen am besten zur

Geltung bringt. Liebesgaben wie ge-
strickte Pulswärmer, Zigaretten und
Hartwurst wären sicher naheliegender
gewesen.

„Die Menschen in den Lazaretten und Gefange-
nenlagern, denen dieses Buch zugeeignet ist, werden nicht lächeln über seinen allzu friedlichen, allzu
beschaulichen Inhalt, sondern sie werden daran denken,
dass sie nach der Rückkehr aus diesem letzten europäischen
Kriege die feierliche Tiefe und seelische Nährkraft stiller weltweiter Freuden andächti-
ger erleben werden, als es jemals auf Erden geschehen ist", schreibt Karl Foerster im
Vorwort. Es ist leider nicht der letzte europäische Krieg geblieben, und bei nüchterner
Betrachtung wird das poetische Sachbuch dieses Pflanzenzüchters und Ästheten die aus
den Fugen geratene Welt kaum besser gemacht haben.

Oder doch? Das Buch sei im besten Sinne zeitgemäß gewesen, urteilt Landschaftsarchi-
tekt Georg Pniower später. Es habe sich wie ein Samenkorn in die Herzen der Menschen
gesenkt. Karl Foerster selbst war überrascht von der ungewöhnlich starken Resonanz.
Deutschland sei auf dem Weg, zu einem Gartenvolk zu werden, war er überzeugt. Völ-
kisch ist es geworden. Aber der alte Mann in Potsdam-Bornim hat unbeirrt am Blütengarten der Zukunft weitergearbeitet.

.... ❊ ....

GÄRTNERN
MACHT OFFENBAR
GLÜCKLICH

Kein Mensch auf Erden hat mir so viel Freude gemacht
als die Natur mit ihren Farben, Klängen, Düften,
mit ihrem Frieden und ihren Stimmungen.
PETER ROSEGGER

„Wenn ich mit einem intellektuellen Freund spreche, festigt sich in mir die Überzeugung, vollkommenes Glück sei ein unerreichbarer Wunschtraum. Spreche ich dagegen mit meinem Gärtner, bin ich vom Gegenteil überzeugt", so Bertrand Russell, der britische Philosoph und Schriftsteller. Mir fällt dazu Schmidt von Werneuchen ein, der 1764 als Sohn eines brandenburgischen Landpastors geboren wurde, in die Fußstapfen seines Vaters trat und bis zu seinem Tode 1838 mit großer Begeisterung auf dem Dorfe lebte.

Offenbar war er mehr Gärtner als Intellektueller – seine Gedichte jedenfalls hat ein glücklicher Mensch geschrieben. Von theologischen Gedankenflügen ist nichts zu finden, umso mehr von dem herzlichen Vergnügen, die Natur vor der Haustür zu haben und alle Jahre wieder ihr Erwachen und Vergehen zu beobachten. Das hat er in Verse gegossen, die seinerzeit durchaus populär waren. Von den Dichterkollegen allerdings haben sie ihm überwiegend Hohn und Spott eingebracht. Wie kann man poetisch über Alltägliches schreiben! Selbst Goethe amüsierte sich in einer Parodie über die „Musen und Grazien in der Mark".

Schmidt von Werneuchen hat das wenig angefochten. Überzeugt davon, mit dem einfachen Leben auf dem Lande das bessere Teil erwählt zu haben, reimt und gärtnert er unverdrossen vor sich hin: „Komm her zu uns, wenn Winterstürme tosen, / Komm her im Lenz, komm um die Zeit der Rosen, / Komm, wenn der Herbst die Feldgewebe spinnt, / Und sieh, wie froh wir hier im Flecken sind. / Ja, gute Frau, die Stadt ist mir ein Kerker; / Nie tausch' ich drum der Hütte kleinen Erker, / Das Gärtchen nie mit bogigtem Stacket, / Wo schwesterlich Ebresch' und Linde steht. / Nie tausch' ich drum mein Lusthaus unterm Schatten / Des Austbirnbaums, der Lehmwand Rebenlatten, / Mein Bienenhaus voll gelber Körbe, nie / Mein Beet, geschmückt mit Boll' und Sellerie."

Theodor Fontane hat den Pfarrgarten dreiundzwanzig Jahre nach dem Tod von Friedrich Wilhelm August Schmidt besucht und rühmt seine Rosen, Fliederlauben und den uralten Birnbaum. „In diesem Garten arbeiten war unseres Freundes Lust", schreibt er in seinen „Wanderungen durch die Mark Brandenburg" – und bringt ein Hoch aus auf einen glücklichen Menschen.

SCHAU AN
DER SCHÖNEN GÄRTEN
ZIER

*Zum schönsten Erlebnis des Gärtners gehört die Erfahrung,
dass Pflanzen- und Gartenfreude in hohem Maße
menschenverbindend wirkt.*

KARL FOERSTER

Wenn es am schönsten ist im Garten und die Sommerblumen und Stauden üppig daherkommen, Gehölze in Saft und Kraft stehen und der Rasen noch frisch und grün ist, öffnen Hunderte von Gärten ihre Türen, um interessierten Besuchern einen Blick in ihre privaten oder halböffentlichen Refugien zu ermöglichen. Organisiert vom Bund Deutscher Landschaftsarchitekten und der Deutschen Gesellschaft für Gartenkunst und Landschaftskultur präsentieren Hobbygärtner und Profis an einem Tag im Juni, was sich hinter ihren Zäunen, Hecken und Mauern verbirgt. Die Open Gardens gibt es in England schon seit 1927. Mittlerweile haben die Deutschen nachgezogen und unter dem Slogan „Offene Gärten", „Gartenwelten – Gartenspaziergänge" oder die „Offene Gartenpforte" an diese Erfolgsgeschichte angeknüpft. In jedem Jahr machen mehr Gartenbesitzer mit, und die Besucherzahlen steigen ständig.

Mir gefällt das Projekt über alle Maßen. Es ist vergnüglich zu sehen, was andere gestaltet haben, und lehrreich, weil persönliche Erfahrungen ausgetauscht und jede Menge Anregungen gegeben werden. Was gibt es für einen Gärtner Schöneres, als anderen zu zeigen, wie gut die blauen Schwertlilien zur weißen Edelpfingstrose passen, wie ertragreich die Gemüsebeete zu werden versprechen und wie verlockend der Sitzplatz zum Ausruhen einlädt. Wie lässt sich ein Innenhof gestalten, wie ein 1000-Quadratmeter-Garten. Was tun, wenn das Grundstück am Hang liegt oder im Schatten alter Bäume. Welche Gartengestaltung passt zu modernen Stadthäusern und welche zu alten Bauernhöfen.

Gärten anschauen verbindet. Man trifft Gesinnungsgenossen und kommt leicht ins Gespräch. Fachsimpeln ist angesagt. Zwischen wortlosem Vorbeigehen und intimer Einladung ins Haus wird hier eine offene Kontaktaufnahme unter Gartenfreunden angeboten. „Komm in meinen Garten, ich möchte, dass meine Rosen dich kennenlernen" (Richard B. Sheridan).

KEIN RÖSLEIN
OHNE LÄUSCHEN

Wem Mutter Natur ein Gärtchen gibt und Rosen,
dem gibt sie auch Raupen und Blattläuse,
damit er's verlernt, sich über Kleinigkeiten zu entrüsten.
WILHELM BUSCH

.... ❋ ....

Ob die Rose die Königin aller Blumen ist – darüber kann man geteilter Meinung sein. Ich kann das Entzücken nicht teilen, wenn in Rosarien, Parkanlagen und privaten Gärten quadratmeterweise ‚Gloria Dei‘, ‚Superstar‘ oder ‚Queen Elizabeth‘ mit zig anderen Sorten wachsen. Vom Anspruch her allerdings könnte der Titel passen. Man muss ihr erhöhte Aufmerksamkeit widmen, der stolzen Rose. Was es nicht alles für Krankheiten gibt, die es abzuwehren gilt: Sternrußtau, Mehltau und Rosenrost sind nur die bekanntesten. Zahllose Schädlinge zeigen keinerlei Respekt und haben es besonders auf Ihre Hoheit abgesehen: Gefurchte Dickmaulrüssler, Spinnmilben und Blattläuse, die Rosenblattroll-wespe, die Gemeine Rosenlaubzikade und der Rosentriebbohrer, wobei zwischen dem aufsteigenden und dem absteigenden zu unterscheiden ist. Und denken Sie nicht, dass ein neuer Rosenstock auf den alten Platz gesetzt werden könnte. Die Erde ist rosenmüde und muss ausgetauscht werden.

Andererseits: Wenn sich ‚Bobby James' in alte Bäume schlingt, ‚Golden Gate' Spaliere erobert, sich ‚Veilchenblau' über eine Mauer ergießt oder die gestreifte ‚Variegata di Bologna' als großer Strauch süß duftet – dann ist man voller Bewunderung über so viel Schönheit. „Oh, wer um alle Rosen wüsste, die rings in stillen Gärten stehn – oh, wer um alle wüsste, müsste wie im Rausch durchs Leben gehn", reimt Christian Morgenstern. Kein Wunder, dass sie als Königin der Blumen in unzähligen Gedichten und Geschichten, Liedern und Poesiealben besungen wird, makellos, duftend, ein Symbol für die Liebe.

Die Dornen kommen auch vor. Zwiespältig ist Schönheit mit Gefahr verbunden – Anlass für weise Sinnsprüche über das Leben. Von Gefurchten Dickmaulrüsslern und Co. redet allerdings keiner. Höchstens Wilhelm Busch, der die Realität nicht ganz aus dem Auge verliert: „Dass keine Rose ohne Dorn / bringt mich nicht aus dem Häuschen. / Auch sage ich ganz ohne Zorn: / Kein Röslein ohne Läuschen." Da ist Gelassenheit gefragt und das Bemühen, den Ansprüchen dieser besonderen Pflanze Genüge zu tun. Geduld bringt Rosen.

SCHÖNE BLUMEN
WACHSEN LANGSAM

Aus derselben Ackerkrume wächst
das Unkraut wie die Blume.

SPRICHWORT

„Schöne Blumen wachsen langsam", hat William Shakespeare festgestellt, „nur das Unkraut hat es eilig." Jeder wird ihm beipflichten, der ein Stück Land bearbeitet. Wer es nicht betonieren will, muss damit leben. Und selbst dann würde ein Breitwegerich noch genug Platz finden, sich in einer winzigen Spalte fröhlich zu entwickeln. Es ist ganz erstaunlich, wie viel Überlebenswille in diesen Pflanzen steckt. Niemand will sie haben, wenigstens auf dem Blumenbeet nicht und auch nicht im Rasen. Aber ungeachtet aller Unkrautvernichter, ständigem Jäten und böser Blicke gedeihen sie allerorten, überwuchern teuer erstandene Pflanzen und stören das Bild. Da mag die Vogelmiere noch so hübsche kleine Blütchen haben und wie Giersch und Brennnesseln essbar sein – sie hat im Kübel der Blaulilie nichts zu suchen. Auch nirgendwo anders im Garten an Stellen, wo schöne Blumen das Herz erfreuen sollen. Zum Teufel mit Winden, Quecken und allen Unkräutern, deren Namen ich nicht mal wissen will.

Natürlich lässt sich einwenden, dass „Wildkräuter" die treffendere Bezeichnung ist, dass nicht nur Kaninchen und Meerschweinchen sie zum Fressen gern haben und Insekten auf sie fliegen. Ohne sie würde manches Stück Erde ziemlich kahl aussehen. Man könnte auch sagen, dass wir den natürlichen Pflanzenwuchs mit unseren Gärtnereien stören statt umgekehrt und die ungebetenen Gäste nur Besitz von dem nehmen, was ihnen eigentlich gehört. Ihre erstaunliche Vitalität, die wir ihnen vorhalten, zeigt, dass sie unseren Züchtungen eben überlegen sind. – Alles schön und gut. Sollen sie woanders wachsen!

Im Unterschied zum ständigen Jäten auf irdischen Beeten kann sich Pastor Thomas Schleiff aus Heide den Himmelsgarten nur unkrautfrei vorstellen. Paradiesische Zustände sozusagen. „Der Gärtner ist ein Traumberuf, den Gott im Paradies schon schuf", beginnt er sein Gedicht über den „Gärtner im Himmel". Und er fragt sich: „Muss er, wie hier auf dieser Welt, / dereinst auch in den Himmelsbeeten / noch stets und ständig Unkraut jäten? / Nein, diese Gärtnertätigkeit / gehört laut Mosebuch erst seit / der paradiesischen Vertreibung / zu seiner Arbeitsplatzbeschreibung."

✳

LERNT
DEN LÖWENZAHN
LIEBEN

Die Natur weicht der Hacke,
aber sie kehrt zurück.
HORAZ

.... ❋ ....

Am Löwenzahn scheiden sich die Geister. Die einen lieben sein strahlendes Gelb im Frühling und schätzen seine gesunde Wirkkraft. Die anderen hassen ihn ob seiner Vitalität, mit der er seinen Platz auf Beeten und Rasenstücken behauptet. Je nachdem lässt sich Taraxacum officinale als Gewöhnlicher Löwenzahn oder Gemeine Kuhblume einordnen, als vielseitige Heilpflanze oder lästiges Unkraut. Die meisten von uns denken wohl eher an die zweite Kategorie, Kinder und Dichter ausgenommen.

„Herr Foerster, was machen Sie gegen den Löwenzahn?", wurde der Staudengärtner gefragt. „Lernt den Löwenzahn lieben!" Erstens kriegt man ihn sowieso nicht los, und zweitens hat er viel zu bieten als Tee, Salat, Wurzelextrakt, Saft oder Kaltwasserauszug. Bei chefkoch.de lassen sich 172 schmackhafte Löwenzahnrezepte abrufen. Löwenzahn regt die Verdauung an, ist gut für Leber und Galle, lindert Rheuma, löst Nierensteine auf und hilft gegen Hautleiden, ist harntreibend, entzündungshemmend und senkt den

Blutzuckerspiegel – ein wahres Allheilmittel zur Stärkung des Leibes. Und wenn man dem Homöopathen glaubt, ist der Löwenzahn auch für die Seele gut. Er verwandelt Wut, Hass und Zorn in Mitgefühl und hilft Personen weiter, die sich und andere nicht mögen. Mit einem Wort: Der Menschheit würde es in jeder Hinsicht besser gehen, wenn sie mehr Löwenzahn äße.

„Gelber Löwenzahn färbt leuchtend die Wiesen, zerstreut bald im Wind" (Haiku). In der christlichen Ikonographie des Mittelalters steht der Löwenzahn für Vergänglichkeit. Zugleich ist er Symbol für die Ausbreitung des Christentums, das, in alle Winde gestreut, immer wieder auf fruchtbaren Boden fällt und weiterlebt. – Alles in allem wäre eine Löwenzahnrabatte sicher lohnender als Blumenbeete, pflegeleichter und preiswerter sowieso. Ich liebe ihn eigentlich auch, den Gewöhnlichen Löwenzahn. Aber überall muss er seine tiefen Wurzeln nicht haben. Es kann auch des Guten zu viel werden.

·········· ❄ ··········

Kuhblume

Was der Frühling nicht sät,
kann im Sommer nicht reifen,
der Herbst nicht ernten,
der Winter nicht genießen.

— ✻ —

JOHANN GOTTFRIED HERDER

ZUM LEBEN GEHÖREN BROT UND ROSEN

Ach der eitlen Blumenfreude
und der kurzen augenweide!
Heute blühet sie noch schön,
morgen pflegt sie abzugehn.
M. DANIEL PFISTERER

Blumen sind Luxus. Wir geben viel Geld aus für einen Strauß, der nach kurzer Zeit die Blütenblätter fallen lässt und nach Fäulnis riecht. Verschwenderisch schmücken Blumen die Geburtstagstische, Hochzeitstafeln und Särge. Zu Einladungen aller Art, Krankenbesuchen und Liebeserklärungen gehören sie einfach dazu. Wie verlassen würde eine Kirche ohne Altarschmuck wirken und wie kulturlos der Tisch im Café. Blumen sprechen ihre eigene Sprache, Blumen begleiten Leben und Tod, Blumen müssen sein. Ihre vergängliche Schönheit macht sie kostbar und sichert besondere Aufmerksamkeit.

Natürlich könnte man nützliche Dinge dafür kaufen, die ein langes Leben haben. Wir gehen ja sonst sehr preisbewusst um mit den Angeboten in Einkaufszentren, Märkten und Gasthäusern. Vielleicht sollte man eher ein Küchengerät schenken statt roter Rosen.

Da hätte man länger etwas davon. Vielleicht hätte Rainer Maria Rilke der Bettlerin in Paris besser ein Geldstück in ihre Hand fallen lassen statt einer weißen Rose. Der tiefe Eindruck, den er damit hinterlässt, zeigt freilich, dass er genau das Richtige getan hat. „Es gibt Augenblicke, in denen eine Rose wichtiger ist als ein Stück Brot", sagt er zu seiner irritierten Begleiterin.

Keine Frage, dass man beides braucht: Brot und Rosen, genug zum Lebensunterhalt und daneben immer wieder Zeichen der Wertschätzung, der Anteilnahme oder Mitfreude. Ob auf der Wiese gepflückt, im Garten geschnitten oder im Laden gekauft, bescheren Blumen Augenblicke voller Schönheit, Duft und Farbenrausch. Gut angelegtes Geld für – wenn auch flüchtige – Glücksmomente. Manchmal haben sie sogar Bestand. Ich kann die Maiglöckchen auf dem Geburtstagstisch meines Vaters und die sommerlichen Wickensträuße meiner Mutter noch heute sehen und riechen. Der Hochzeitsstrauß meiner Schwiegertochter steht schon viele Jahre in der Wohnung, und in den vergilbten Liebesbriefen meiner längst verstorbenen Großeltern liegen gepresste Veilchen.

.... ✿ ....

Glücksmomente

DIE LEISEN KRÄFTE
SIND ES,
DIE DAS LEBEN
TRAGEN

Das Leben besteht aus vielen kleinen Münzen,
und wer sie aufzuheben weiß, hat ein Vermögen.
JEAN ANOUILH

Komisch. Wenn ich mich an vergangene Tage erinnere, fallen mir weniger die großen Worte ein und die geschichtsträchtigen Fakten. Dabei habe ich viele bedeutende Reden gehört und manches wichtige Ereignis miterlebt. Vielmehr sind mir kleine Randbemerkungen und eher beiläufige Begebenheiten lebendiger geblieben: die Marotten eines Lehrers, der Geschmack eines Gravensteiner Apfels, der salzige Geruch der Ostsee oder die Stimmung eines Sommertages am Müggelsee. Vielleicht liegt es ja daran, dass mein Gedächtnis nicht besonders gut ist und das Verhältnis zu Zahlen schon immer zu wünschen übrigließ. Vielleicht zeigt es aber auch, dass unsere Seele andere Prioritäten kennt als unser Verstand, und dass manche Nebensächlichkeiten offenbar gar nicht so nebensächlich sind.

„Glaube mir, es kommt im Leben auf Kleinigkeiten an", behauptet der Pädagoge Johann Heinrich Pestalozzi. Und ganz ähnlich denkt der Religionsphilosoph Romano Guardini: „Die leisen Kräfte sind es, die das Leben tragen." So gesehen ist die Freude daran, dass manches, was wir säen, blüht, wächst und gedeiht von Bedeutung. Das fängt an mit der im Vorbeigehen geworfenen Samenbombe eines Guerilla-Gärtners, die sich zur bunten Überraschung auf einer Baumscheibe in der städtischen Betonlandschaft entwickelt. Es geht weiter mit einem Blumenkasten vor dem Fenster, einem Topfgarten auf dem Balkon, einem bescheidenen Schrebergarten oder gar mit einem Stück Erde am Haus.

Gärten bieten eine Menge kleiner Freuden, die das Leben bereichern und Sorgen mildern. An der Mauer duften die gelben Rosen, die im September zum zweiten Mal blühen. Hummeln hängen an den blauen Blüten der Kräuter. Die Rispenhortensie ist besonders schön dieses Jahr, und der späte Phlox zieht die Blicke auf sich. Die Herbsthimbeeren sind groß und aromatisch, und die Tomaten schmecken natürlich ganz anders als die aus dem Supermarkt. Mag der Tag bringen, was er mag – ganz schlecht kann er nicht werden nach diesen erfreulichen Momenten im Garten.

.... ❀ ....

BEWAHRE
DIE ERINNERUNG
AN DEN DUFT
DES SOMMERS

Ich mach ein Lied aus Stille. Ich mach ein Lied aus Licht.
So geh ich in den Winter. Und so vergeh ich nicht.
EVA STRITTMATTER

Die Zeiten, in denen eine gute Hausfrau im Herbst wohlgefällig auf Regale voller Einweckgläser, auf Dörrobst und Sauerkrautfässer, Speckseiten und Kartoffelmieten schauen konnte, sind vorbei. Jedenfalls in unserem Land und von passionierten Selbstversorgern abgesehen. Das mag manch einer bedauern, der im Winter auf spanische Äpfel zurückgreifen muss und auf Marmelade, die in der Masse aus sonst was besteht, nur nicht aus Erdbeeren, wie es uns das Etikett einreden will. Vielleicht lässt sich ja doch mehr vom Sommer konservieren als jetzt üblich geworden, ohne den Maßstab unserer Mütter und Großmütter zu verinnerlichen und den Kauf von Wintergemüse als persönliche Niederlage zu empfinden. Ungeachtet übervoller Kaufhallen scheint Selbstgemachtes wieder Konjunktur zu haben. Es liegt durchaus im Trend, Äpfel zu dörren, Quittengelee zu kochen, Mixed Pickels einzuwecken oder Kräuter zu trocknen.

Wie auch immer Ihre Möglichkeiten und Ihr Zeitbudget aussehen mögen – es lässt sich in dieser Jahreszeit aber noch mehr sammeln als essbare Vorräte. Die warme Sonne auf der Haut spüren, bevor es kalt wird, den Honigduft des Steinkrauts genießen und sich über das umwerfende Farbspiel des Wilden Weins freuen, mit Freunden spazieren gehen und verreisen, ehe der Aufenthalt im Freien ungemütlich wird und Glatteis das Laufen behindert. Wenn das Ende abzusehen ist, wird jeder schöne Augenblick umso kostbarer.

„Siehe den Schmetterling hier! Er küsst die blühende Rose; bald ist der Schmetterling nicht, bald auch die Rose nicht mehr", schreibt Johann Gottfried Herder mit einem Schuss Wehmut im Herzen und meint sicher nicht nur ein Pfauenauge auf der Rosa alba ‚Maxima', sondern das Leben an sich. Mit einem Vorrat an schönen Erlebnissen und der Erinnerung an warme lange Sommerabende und strahlend blauen Herbsthimmel lässt sich die dunkle Jahreszeit leichter durchstehen. Natürlich könnte man sich auch auf den Winter freuen, auf klare Luft und frisch gefallenen Schnee, auf Kristalle am Fenster, gemütliches Feuer im Kamin und Skifahren in den Alpen. Schön für den, der das kann. Mir gelingt das leider nur sehr unvollkommen. Ich freue mich dann monatelang auf den Frühling.

········· ❄ ·········

ERDBEEREN
IM OKTOBER

Ärgert Sie das auch so sehr, wenn selbst im Herbst in manchen Supermärkten kein Apfel aus Deutschland zu kaufen ist? Wenn Südfrüchte importiert werden, hat das ja seine gewisse Berechtigung. Aber Obst aus unseren Breiten? Die Bäume biegen sich unter der Last ihrer Früchte, aber sie werden unter dem Baum verfaulen, weil der Pflückerlohn zu hoch ist und sich das Ernten nicht lohnt. Oder weil die Äpfel keine Idealmaße haben und nicht wie gemalt aussehen. Dabei schmecken sie besser und haben mehr Vitamine. Es geht doch vor allem um die inneren Werte wie auch Jean Paul findet: „Unter den Menschen und Borsdorfer Äpfeln sind nicht die glatten die besten, sondern die rauen mit einigen Warzen."

Regional ernten und saisonal essen – das ist mittlerweile eine Maxime, die in vieler Munde ist. Es müssen keine chinesischen Erdbeeren im Herbst sein, auch wenn nicht jedes Mal eine Magen-Darm-Epidemie die Folge ist. Wer weiß, wie die Anbaubedingungen von Obst und Gemüse in anderen Ländern aussehen, wie viel Konservierungsmittel

und Treibstoff für den Transport um die halbe Welt gebraucht werden und wie viel Aroma und Vitamine auf der Strecke bleiben, weil die Früchte nicht ausreifen können. Dazu kommt, dass der heimische Obstbau an Bedeutung verliert und die eigene Landwirtschaft Schaden nimmt.

So mancher Gastwirt hat mittlerweile nur oder vor allem Gerichte auf der Speisekarte, die die Jahreszeit und der Landstrich hergeben: Spargel im Mai, Erdbeeren im Juni, Himbeeren im Juli, Tomaten im August, Trauben im September und so weiter und so weiter. Durch sinnreiche Sortenauswahl und erprobte Konservierungsmethoden lässt sich das alles flexibler gestalten, aber nichts ist so gesund und schmeckt so gut wie sonnengereifte Früchte und frisch geerntetes Gemüse. Dabei sind wir nicht nur auf Wochenmärkte oder eigenen Anbau angewiesen, sondern können auch auf Wildfrüchte im Wald und auf der Wiese zurückgreifen. Eigentlich nicht zu verstehen, dass das reiche Angebot der Natur hierzulande so missachtet wird. Aber auf uns hört ja niemand! Selbst wir nur manchmal.

·········· ❈ ··········

JEDES
HAT
SEINE ZEIT

Blumen im alten Jahr verweht, lasse das neue reicher dir blühen!
Doch hoffst du, Freund, auf ein üppiges Beet,
so musst du auch selbst dich im Garten bemühen.
WOLRAD EIGENBROD

Jedes Mal dieselbe Unentschlossenheit im April und im Oktober. Sollen die Kübel-pflanzen und Sommerblumen ins Freie, obwohl frostfreie Tage nicht garantiert sind? Oder sollen sie schon ins Haus, obwohl es noch viele schöne Herbsttage geben könnte? Den winterharten Chrysanthemen und Herbstastern kann es egal sein, den üppigen Dahlien schon weniger, und für den zartbesaiteten Mottenkönig würde eine Fehlent-scheidung das sofortige Todesurteil bedeuten. Das hat er mir im vergangenen Herbst eindrucksvoll bewiesen. Die bunten Sommerblumen dagegen können sorglos den letzten Sonnenstrahl genießen als Henkersmahlzeit sozusagen. Ihr kurzes Leben ist ohnehin vorbei. Sie leben höchstens in ihren Nachkommen weiter, wenn sie zu der robusten Kategorie von Mutterkraut und Akelei, Ringelblumen und Kapuzinerkresse gehören, die sich ungefragt aussamen.

„Pflanzen hat seine Zeit und Gepflanztes ausreißen hat seine Zeit", sagt der lebenserfahrene und altersweise Prediger in der Bibel. Im Nachhinein weiß man es genau, wann jeweils der beste Zeitpunkt gewesen ist und welcher der absolut falsche war. Man muss nur zusammenrechnen, wie viele Pflanzen im Frühjahr nachgepflanzt werden mussten und welche vor der Zeit abgestorben sind. Freilich denkt der Prediger wohl weniger an Eisheilige und Schafskälte noch das Einräumen der Kübelpflanzen im Herbst. Seine abgeklärte Sicht der Dinge hat das ganze Leben, ja das ganze Zeitalter im Blick. Alles hat seine Zeit: geboren werden und sterben, weinen und lachen, sich umarmen und aus der Umarmung lösen, zerreißen und zusammennähen, schweigen und reden, Krieg und Frieden – um nur einige der angeführten Gegensatzpaare des Predigers zu zitieren. Allerdings begreift der Mensch selten und erst im Rückblick, was von beidem gerade dran war.

Allgemeingültig und umfassend gedacht, lässt diese Bibelstelle mein kleines Problem beim Aus- und Einräumen von Pflanzen ziemlich nebensächlich aussehen. Es geht hier schließlich nicht um Leben und Tod – oder höchstens den von Pelargonien und Weihnachtskakteen. Des eingedenk muss ich freilich zugeben, dass Gärtnern für mich zu den Nebensachen gehört, auf die ich sehr ungern verzichten würde.

.... ❄ ....

ALLES LEBENDIGE
IST VERGÄNGLICH

Ach wie nichtig, ach wie flüchtig ist der Menschen Schöne!
Wie ein Blümlein bald vergehet, wenn ein rauhes Lüftlein wehet,
so ist unsre Schönheit, sehet!
MICHAEL FRANCK

„Du hast den Garten des Lebens verlassen, doch deine Rosen blühen weiter", steht in einer Todesanzeige. Vielleicht. Es gibt Rosenstöcke, die Jahrhunderte alt werden und viele Generationen lang an den erinnern, der sie gepflanzt hat. Häufig ist das nicht, sind Gärten doch ein sehr vergänglich Ding – nicht nur im Blick auf die Jahreszeiten. Sie werden geschaffen von ihren Besitzern und vergehen mit ihnen oder verändern sich nach den aktuellen Bedürfnissen der wechselnden Eigentümer. Oft holt die Natur sie zurück, oder sie werden versiegelt, und kein Mensch erinnert sich daran, was hier alles geblüht hat. Untergegangene Paradiese, die der Vergessenheit anheimgefallen sind wie die, die sie bearbeitet haben.

Natürlich gibt es auch Gärten, die als historische Anlagen immer wieder nach altem Muster bepflanzt und gepflegt werden. Sie haben Bestand, weil sie zu Schlössern gehören oder zu Klöstern. Hier verbinden sich Architektur und Natur und bringen einander zur Geltung. Der Besucher kann nachvollziehen, wie dort gelebt wurde. Manchmal genügt auch ein großer Name, damit weitgehend alles so bleibt, wie es zu Lebzeiten der Maler, Dichter oder Gärtner ausgesehen hat, beispielsweise im Garten von Claude Monet in Giverny und Emil Nolde in Seebüll, von Johann Wolfgang von Goethe oder Gottfried Herder in Weimar oder von Vita Sackville-West in Sissinghurst und Karl Foerster in Potsdam-Bornim. Da kann es sogar passieren, dass der zubetonierte Garten von Max Liebermann am Berliner Wannsee wieder bunt und üppig aufersteht zur Freude aller Besucher.

Aber das sind Ausnahmen. Die Bibel weiß um die Vergänglichkeit alles Lebendigen: „Ein Mensch ist in seinem Leben wie Gras, er blüht wie eine Blume auf dem Felde; wenn der Wind darüber geht, so ist sie nimmer da, und ihre Stätte kennt sie nicht mehr" (Psalm 103,15.16). Das ist eine schonungslose Feststellung am Ende des Kirchenjahres. Je älter ich werde, desto mehr geht mir auf, was das bedeutet. Der Psalm geht zum Glück weiter: „Aber die Gnade des Herrn währt von Ewigkeit zu Ewigkeit über denen, die ihn fürchten. Seine Treue währt von Geschlecht zu Geschlecht über denen, die seinen Bund halten, an seine Gebote denken und danach tun."

ADVENTSSTERN, CHRISTROSE, OSTERGLOCKE UND PFINGSTNELKE

Wer im Dezember in Gartencentern zugange ist, sieht rot. Der Adventsstern hat seinen großen Auftritt, passt er doch in Farbe und Form zur Jahreszeit und ist nicht mehr wegzudenken aus der adventlichen Floristik. Der gelegentlich aufgetragene Glitzerstaub macht ihn sogar weihnachtstauglich – allerdings hat das nichts mehr mit Pflanzenliebhaberei zu tun, eher mit Pflanzenverachtung.

Adventsstern, Christrose, Passionsblume, Osterglocke und Pfingstnelke – das jetzt beginnende Kirchenjahr mit seinen Christusfesten ist mit bestimmten Pflanzen verbunden, die wegen ihrer Blütezeit oder Symbolik den Kirchenbezug im Namen tragen. Darüber hinaus liefern Bibel, Kirchengeschichte und Heiligenverehrung reichlich Stoff: Gottesauge, Salomonssiegel und Jakobsleiter, Madonnenlilie, Mariendistel und Marienglockenblume, Kreuzkraut, Himmelschlüsselchen, Johannisbeere und Judassilberling,

Karthäusernelke, Mönchspfeffer, Kapuzinerkresse, Pfaffenhütchen und Heiligenkraut, Teufelskralle und Engelwurz – die Liste ist bei weitem nicht vollständig. Noch gar nicht im Blick sind dabei Obstbäume, die offenbar in Klöstern oder Pfarrgärten gezüchtet worden sind wie Pastorenbirne, Mönchsnase, Geflammter Kardinal oder Nonnenkirsche.

Dazu kommen viele Pflanzen, die zwar auf den ersten Blick keinen Kirchenbezug zu haben scheinen, aber wegen ihres Aussehens, ihrer Eigenschaften oder Erwähnung christlichen Symbolcharakter bekamen. Im Volksglauben haben sie eine große Rolle gespielt, und aus der mittelalterlichen Malerei sind sie nicht wegzudenken. So steht beispielsweise der Weinstock für Christus, die Hauswurz und der Efeu für ewiges Leben, Lilie wie Rose für Maria und die dreiblättrige Erdbeere für die Trinität. Dass das Veilchen christliche Demut symbolisieren soll, muss allerdings auf einem Irrtum beruhen. Kaum ein Bodendecker benimmt sich so rücksichtslos, wenn es um das eigene Fortkommen geht. An die reiche Pflanzenwelt des Alten und Neuen Testamentes erinnern die Bibelgärten mit Weizen, Linsen und Ysop, Apfelbaum und Dattelpalme, Rizinus und Ölbaum, Weihrauch und Myrrhe oder vielleicht auch Disteln und Dornen. Sie sehen: Das Thema „Pflanzen und Kirche" ist ein weites Feld.

ES GIBT
EIN LEBEN JENSEITS
DES GARTENZAUNES

Das Leben beginnt mit dem Tag,
an dem man einen Garten anlegt.
CHINESISCHES SPRICHWORT

Immer wieder habe ich das Hohelied der Gärtnerei gesungen als Heilmittel für Leib und Seele, Quelle mannigfacher Freuden, als Spiegelbild des menschlichen Lebens und ein Stück Eden für jeden. Es wird Zeit zu sagen, dass ein Garten zwar schön und nützlich ist und dass es weit weniger sinnvolle Freizeitbeschäftigungen gibt, als abends zu schauen, was tagsüber gewachsen ist. Aber wenn es so weit kommt, dass umgraben und säen, Unkraut jäten, Blumen gießen und Gemüse ernten wichtiger werden als die Sorgen und Freuden der Mitmenschen nebenan und anderswo – dann ist die rote Linie überschritten.

„Macht aber nicht, liebe Leute, dass euch die große Massenwelt fatal werde, weil die kleine Samen- und Baumwelt so niedlich ist", schreibt der Theologe und Humanist Johann Gottfried von Herder an Karl Ludwig von Knebel im Mai 1785. Und er dichtet: „Die Blume, die der Erd entblüht, war meiner ersten Jugend Lied; bis ich die edlere erkannt, die uns der Himmel zugewandt. Fortan sei ihr mein Lied geweiht, der schönsten Blume, Menschlichkeit."

Natürlich hat er recht: Was sind die Sorgen und Freuden diesseits des Gartenzauns gegen die großen Themen der Menschheit wie Krieg und Frieden, Armut und Hunger, Gerechtigkeit und Nächstenliebe. Es geht beim Radieschen säen nicht um Leben und Tod, wenigstens nicht um den von Menschen. Und was bringt ein Vorzeigegarten, der alle Kräfte beansprucht und davon abhält, sich sozial zu engagieren. Was nützen üppige Blumenbeete, wenn kein Mensch kommt, der sie mit mir bewundert. Man muss im Zweifelsfall Schwerpunkte setzen – Humanität ist wichtiger als Pflanzenliebhaberei. Ein Garten ist nicht der Mittelpunkt der Welt.

Wer will bestreiten, dass es ein Leben jenseits von Kieswegen und Komposthaufen gibt. Aber man muss ja nicht beides gegeneinander ausspielen. Warum nicht die „Blume, die der Erd entblüht" mit der „schönsten Blume Menschlichkeit" in einem Strauß zusammenbinden. Herder hat sich auch noch im Alter über den Duft seiner Rosen gefreut und gleichzeitig das Seine getan, um die Welt besser zu machen. Man kann das eine tun und braucht das andere nicht zu lassen. So gesehen bleibt die Gärtnerei mein Thema.

·········· ✻ ··········

Blumen machen
die Menschen fröhlicher,
glücklicher und hilfsbereiter.
Sie sind der Sonnenschein,
die Nahrung und
die Medizin für die Seele.

———— ❊ ————

LUTHER BURBANK

INHALTSVERZEICHNIS

························ ❄ ························

EIN WORT ZUVOR · 8

ZUM GLÜCK LÄSST SICH NICHT ALLES PLANEN · 12

THEORETISCH KANN ES LOSGEHEN · 14

DIE TUGEND DES GÄRTNERS IST GEDULD · 16

NUR KEINE FALSCHEN HOFFNUNGEN · 18

ES GEHT AUCH OHNE PFLANZENKENNTNIS – MIT ALLERDINGS BESSER · 20

GOTTESDIENST IM GRÜNEN MACHT DIE SACHE RUND · 22

AUS DER APOTHEKE GOTTES · 24

GÄRTEN DER KINDHEIT · 26

NICHT ALLE KÖNNEN ES SO GUT HABEN · 28

ES WIRD DURCHGEBLÜHT? · 32

KEIN GARTEN IST WIE DER ANDERE · 34

ES WÄCHST MEHR ALS MAN GESÄT HAT · 36

EIN GARTEN FÜR FAULE? 38

DIE NATUR IST EIN GUTER LEHRMEISTER 40

EIN STÜCK EDEN FÜR JEDEN 42

AUSNAHMEN BESTÄTIGEN DIE REGEL 44

DER HIMMEL IST OHNE BLUMEN NICHT VORSTELLBAR 46

HEUTE SCHON ÜBER DAS WETTER GEREDET? 48

WO DIE NATUR NICHT WILL, IST DIE ARBEIT UMSONST 52

ES GEHT AUCH OHNE BEET 54

MEIN KAMPFPLATZ FÜR DEN FRIEDEN 56

EIN GARTENBUCH ZIEHT GEGEN DEN KRIEG ZU FELDE 58

GÄRTNERN MACHT OFFENBAR GLÜCKLICH 60

SCHAU AN DER SCHÖNEN GÄRTEN ZIER 62

KEIN RÖSLEIN OHNE LÄUSCHEN 64

SCHÖNE BLUMEN WACHSEN LANGSAM 66

LERNT DEN LÖWENZAHN LIEBEN 68

ZUM LEBEN GEHÖREN BROT UND ROSEN 72

DIE LEISEN KRÄFTE SIND ES, DIE DAS LEBEN TRAGEN 74

BEWAHRE DIE ERINNERUNG AN DEN DUFT DES SOMMERS 76

ERDBEEREN IM OKTOBER 78

JEDES HAT SEINE ZEIT 80

ALLES LEBENDIGE IST VERGÄNGLICH 82

ADVENTSSTERN, CHRISTROSE, OSTERGLOCKE UND PFINGSTNELKE 84

ES GIBT EIN LEBEN JENSEITS DES GARTENZAUNES 86

BILDNACHWEIS

Porträt Christine Lässig (Buchumschlag): Harald Krille, Weimar

Porträt Rita Fürstenau (Buchumschlag): Alessia Ruffolo, Berlin

Garten ist man total von der Natur abhängig. Das macht einen demütig. DRIES VAN NOTEN ✳

r mit seinem Garten schon zufrieden ist, verdient ihn nicht. KARL FOERSTER ✳ Der gestylte

rten kommt mir vor wie eine Besserungsanstalt für die Natur. THOMAS HÄNTSCH ✳ Ein Garten

etwas, woraus man nur hat vertrieben werden können, denn wie sonst hätte man ihn je verlassen.

OLF BORCHARDT ✳ Ein Garten kann eine Welt für sich werden, dabei ist ganz gleich, ob dieser

rten groß oder klein ist. HUGO VON HOFFMANNSTHAL ✳ Narren hasten, Kluge warten, Weise ge-

n in den Garten. RABINDRANATH TAGORE ✳ Das ist im Leben hässlich eingerichtet, dass bei den

sen gleich die Dornen stehen JOSEF VICTOR VON SCHEFFEL ✳ Die Beschäftigung mit Erde und

anzen kann der Seele eine ähnliche Entlastung und Ruhe geben wie die Meditation. HERMANN HESSE

✳ Was im Garten geschieht, kann Punkt für Punkt als Gleichnis gelten für unser Leben außer-

lb des Gartens, für unsere Möglichkeiten des geduldigen Zulassens und für unsere Irrtümer des eili-

n Zugreifens. JÜRGEN DAHL ✳ Ein Garten ist der ideale Ort, sich um seine Seele zu kümmern.

SIMO DE MEDICI ✳ Der kürzeste Weg zur Gesundheit ist der Weg in den Garten. GÄRTNER PÖTSCHKE

✳ Kein Kräutlein in die Höhe sprießt, aus dem nicht eine Heilkraft fließt. SPRICHWORT ✳

r der Gartenleidenschaft verfiel, ist noch nie geheilt worden. KARL FOERSTER ✳ Pflanzendüfte

d wie Musik für unsere Sinnen. ALTPERSISCHES SPRICHWORT ✳ Gibt es ein schöneres Bild für den

eden und die Hoffnung als einen lebendigen Baum. WANGARI MAATHAI Die Blumen des Frühlings sind

Träume des Winters. KHALIL GIBRAN ✳ Die Hand, die Rosen schenkt, duftet stets ein wenig.

NESISCHES SPRICHWORT ✳ Die Menschen machen den Kalender, aber Gott das Wetter. SPRICH-

RT ✳ Das Wetter muss man wie Verwandte nehmen, aussuchen kann man sie beide nicht.

ICHWORT ✳ Unkraut ist alles, was nach dem Jäten wieder wächst. MARK TWAIN ✳ Gute

une machen gute Nachbarn. SPRICHWORT ✳ Ist der Gärtner fleißig, ist auch die Erde nicht faul.

ICHWORT ✳ In einem Garten ging das Paradies verloren, in einem Garten wird es wiedergefun-

n. SPRICHWORT ✳ Die Tugend des Gärtners ist Geduld. SPRICHWORT Wohltun ist wie ein geseg-

ter Garten. DIE BIBEL ✳ Jeder Garten ist ein Buch Gottes, aus dem das Wunder ersehen werden

nn, das Gott täglich tut. MARTIN LUTHER ✳ Nur die Natur macht Großes umsonst. SPRICHWORT

✳ Behandle die Erde und alles, was auf ihr lebt, mit Respekt. INDIANISCHES SPRICHWORT ✳

h der eitlen Blumenfreude und der kurzen Augenweide. Heute blühet sie noch schön, morgen pflegt

abzugehn. M. DANIEL PFISTERER ✳ Freut euch des Lebens, weil noch das Lämpchen glüht

pflücket die Rose, eh sie verblüht. JOHANN MARTIN USTERI ⸺ ❄ ⸺ *Alles hat seine Zeit, geboren werd*
und sterben, einpflanzen und ausreißen. DIE BIBEL *Daher ist die ganze Schöpfung Lobpreis Got*
HILDEGARD VON BINGEN ⸺ ❄ ⸺ *Überflüssige Äste hauen wir weg, damit der Fruchtzweig lebe.* WILLI
SHAKESPEARE ⸺ ❄ ⸺ *Wir wollen im Garten auch ein freiwilliges Lächeln der Natur, kein ihr allzu m*
sam abgerungenes. KARL FOERSTER ⸺ ❄ ⸺ *Demut und größte Beharrlichkeit scheinen fast genau*
notwendig beim Gärtnern wie Regen und Sonnenschein. ELIZABETH VON ARNIM ⸺ ❄ ⸺ *Alles, was ge*
die Natur ist, hat auf Dauer keinen Bestand. CHARLES DARWIN ⸺ ❄ ⸺ *Ja, Gärten und Kinder sind es,*
die es sich lohnt zu leben. ALMA DE L'AIGLE ⸺ ❄ ⸺ *Was der Sonnenschein für die Blumen ist, das s*
lachende Gesichter für die Menschen. JOSEPH ADDISON ⸺ ❄ ⸺ *Leute, die auf Rosen gebettet sind, v*
raten sich dadurch, dass sie immerzu über Dornen jammern. FRANCOISE SAGAN ⸺ ❄ ⸺ *Wer mit Lie*
im Garten arbeitet, muss ein guter Mensch sein. EVA IBBOTSON ⸺ ❄ ⸺ *Die einzige Blume, die auf Be*
wächst, ist die Neurose. UNBEKANNT ⸺ ❄ ⸺ *Der Garten ist des armen Mannes Apotheke.* SPRICHWC
⸺ ❄ ⸺ *Lasst uns für unser Glück sorgen, in den Garten gehen und arbeiten.* VOLTAIRE ⸺ *
Garten freut, hilft, nährt und erhält uns. Aus traurigem Gemüt scheucht er die schweren Sorgen, u
mannigfaltige Freude wird dem Gärtner zu Geschenk. ASMENIUS ⸺ ❄ ⸺ *Willst du ein Leben lang glü*
lich sein, dann leg einen Garten an. SPRICHWORT ⸺ ❄ ⸺ *Wenn meine Seele Urlaub braucht, geh ich*
meinen Garten. SPRICHWORT *Wer mit einem Baum sprechen kann, braucht keinen Psychiater. Die meis*
aber glauben genau das Gegenteil. PHIL BOSMANS ⸺ ❄ ⸺ *Oh, wer um alle Rosen wüsste, die rings*
stillen Gärten stehn – oh, wer um alle wüsste, müsste wie im Rausch durchs Leben gehen. CHRISTI
MORGENSTERN ⸺ ❄ ⸺ *Es gibt Augenblicke, in denen eine Rose wichtiger ist als ein Stück Brot.* RAIN
MARIA RILKE ⸺ ❄ ⸺ *Bäume und Sträucher sind das Rückgrat des Gartens.* KARL FOERSTER ⸺ ❄
Was ich am allermeisten brauche, sind Blumen, immer und immer wieder. CLAUDE MONET ⸺ ❄
Die Blumen machen den Garten, nicht der Zaun. SPRICHWORT ⸺ ❄ ⸺ *Wetter und Wetter ist zweier*
Es kommt entscheidend darauf an, für wen. UNBEKANNT ⸺ ❄ ⸺ *Blumen wachsen überall am Weg*
rande, aber nicht jeder kann daraus einen Kranz flechten. ANASTASIUS GRÜN ⸺ ❄ ⸺ *Trau keinem Gar*
ohne Unkraut. UNBEKANNT ⸺ ❄ ⸺ *Den ganzen Tag Unkraut gejätet und die Beete fertig gemacht*
einer eigentümlichen Art von Begeisterung, die mich dazu brachte zu sagen: Das ist Glück. VIRGI
WOOLF ⸺ ❄ ⸺ *Aus derselben Ackerkrume wächst das Unkraut wie die Blume.* SPRICHWORT ⸺ ❄ ⸺
Unkraut nennt man die Pflanzen, deren Vorzüge noch nicht erkannt wurden. RALPH WALDO EMERS

—— *Die Natur weicht der Hacke, aber sie kehrt zurück.* HORAZ *Das Gras sprießt am grünsten aus*

n Fugen deiner Terrasse und ignoriert deinen Rasen. AUS MURPHY'S GESETZEN ——— ✿ ——— *Gärtnern erfor-*

t viel Wasser – das meiste davon in Form von Schweiß. LOU ERICKSON *Was der Frühling nicht sät,*

n im Sommer nicht reifen, der Herbst nicht ernten, der Winter nicht genießen. JOHANN GOTTFRIED

DER ——— ✿ ——— *Zum schönsten Erlebnis des Gärtners gehört die Erfahrung, dass Pflanzen- und Garten-*

ude in hohem Maße menschenverbindend wirkt. KARL FOERSTER ——— ✿ ——— *Es wächst im Garten mehr*

man gesät hat. SPRICHWORT ——— ✿ ——— *Auch wenn man am Gras zieht, wächst es nicht schneller.*

IKANISCHES SPRICHWORT ——— ✿ ——— *Jedes Werden in der Natur, im Menschen, in der Liebe muss abwar-*

, geduldig sein, bis seine Zeit zum Blühen kommt. DIETRICH BONHOEFFER ——— ✿ ——— *Das Gras verdorrt,*

Blume verwelkt, aber das Wort Gottes bleibt bestehen. DIE BIBEL ——— ✿ ——— *Man ist dem Herzen Gottes*

einem Garten näher als irgendwo auf der Erde. DOROTHY FRANCIS GURNEY ——— ✿ ——— *Bleib ich am Leben,*

werd ich noch ein Gärtner. MARTIN LUTHER ——— ✿ ——— *Die ganze Natur ist eine Melodie, in der eine tiefe*

rmonie verborgen ist. JOHANN WOLFGANG VON GOETHE ——— ✿ ——— *Wenn ich wüsste, dass morgen die Welt*

ergeht, würde ich heute noch ein Apfelbäumchen pflanzen. MARTIN LUTHER ZUGESCHRIEBEN ——— ✿ ———

he den Schmetterling hier! Er küsst die blühende Rose; bald ist der Schmetterling nicht, bald auch die

se nicht mehr. JOHANN GOTTFRIED HERDER ——— ✿ ——— *Je tiefer man die Schöpfung erkennt, umso größere*

nder entdeckt man an ihr. MARTIN LUTHER ——— ✿ ——— *Wir pflügen und wir streuen den Samen auf das*

nd, doch Wachstum und Gedeihen steht in des Himmels Hand. MATTHIAS CLAUDIUS ——— ✿ ——— *Immer*

der tröstlich und immer neu in ewiger Schöpfung Glanz lacht mir die Welt ins Auge. HERMANN HESSE

✿ ——— *Groß und kleiner Blumen Pracht zeugen all von Gottes Macht.* M. DANIEL PFISTERER ——— ✿ ——— *Die*

oderne Gesellschaft übersieht, dass die Welt nicht das Eigentum einer einzigen Generation ist. OSKAR

KOSCHKA ——— ✿ ——— *Die meisten verstehen bloß die Frakturschrift im Buche der Schöpfung und über-*

en die kleine Perlschrift auf Wiesenblumen und Schmetterlingsflügeln. ADALBERT STIFTER ——— ✿ ———

änger wir gärtnern, umso mehr lernen wir; und je mehr wir lernen, umso häufiger geht uns auf, wie

nig wir wissen. VITA SACKVILLE-WEST ——— ✿ ——— *Der Garten ist der letzte Luxus unserer Tage, denn er*

dert das, was in unserer Gesellschaft am kostbarsten geworden ist: Zeit, Zuwendung und Raum.

TER KIENAST ——— ✿ ——— *Die gärtnerische Arbeit gilt als Heilmittel, das hilft, Ordnungen und Rhythmen*

eder herzustellen, die beschädigt worden oder abhanden gekommen sind. JÜRGEN DAHL ——— ✿ ———

gere dich nicht darüber, dass der Rosenstrauch Dornen trägt, sondern freue dich darüber, dass der

IMPRESSUM

Bibliografische Information der Deutschen Nationalbibliothek: Die Deutsche Nationalbibliothek verzeichnet diese Publikation in der Deutschen Nationalbibliografie; detaillierte bibliografische Daten sind im Internet über http://dnb.d-nb.de abrufbar.

© 2022 by edition chrismon in der Evangelischen Verlagsanstalt GmbH · Leipzig
Printed in EU

Erstausgabe unter dem Titel „Wo Blumen blühen, lächelt die Welt"
erschienen 2014 im Wartburg Verlag, Weimar.

Das Buch wurde auf alterungsbeständigem Papier gedruckt.

Cover: Ellina Hartlaub, GEP gGmbH, Frankfurt am Main
Innenlayout: Anja Haß, Leipzig
Illustrationen: Rita Fürstenau, Kassel
Druck und Bindung: GRASPO CZ, a.s., Zlín

ISBN 978-3-96038-305-5
www.eva-leipzig.de